SOTA LA CISTELLA

PAU GASOL

Sota la cistella

Aprendre de l'èxit i del fracàs

ROSA
DELS
VENTS

Paper certificat pel Forest Stewardship Council®

MIXT
Paper procedent de fonts responsables
FSC® C117695

Primera edició: setembre del 2018

Travessera de Gràcia, 47-49. 08021 Barcelona

Publicat per Rosa dels Vents, un segell de Penguin Random House Grupo Editorial, S.A.U.

Printed in Spain – Imprès a Espanya

ISBN: 978-84-16930-37-1
Dipòsit legal: B-10.845-2018

Compost a M. I. Maquetación, S. L.

Imprès a Blackprint CPI Ibérica
Sant Andreu de la Barca (Barcelona)

VT 3 0 3 7 1

Penguin Random House Grupo Editorial

Als meus pares, Marisa i Agustí, pels valors que m'heu transmès, i als meus germans, Marc i Adrià, per fer-me sentir tan orgullós de ser el vostre germà gran...

Índex

SEGONA PART

No et conformis mai

TERCERA PART

Aprendre de l'èxit i del fracàs

QUARTA PART

No naixem líders

Cinquena part

Les claus del lideratge SMART

Pròleg

Compartir allò après

És la tarda de l'1 de setembre del 2006 i som a Saitama, al Japó. El país de la respiració i del silenci. Dels cirerers florits, els cims nevats i la meditació zen. Però ara, malgrat tot això, a l'immens estadi Saitama Super Arena, prop de vint mil persones s'esgargamellen encoratjant un i altre equip. A plens pulmons, en castellà, animen Espanya i Argentina.

És un moment apoteòsic: el bàsquet espanyol i l'argentí s'estan jugant un lloc per a la posteritat. I el llibre de la Història s'escriu a cada segon, amb cada falta, cada error i cada triple. És una batalla molt disputada, molt aferrissada.

Comencem el partit molt malament, amb un 2-13 al marcador. Els argentins colpegen primer. I demanem temps mort. L'equip reacciona i remunta aquest mal inici, en el qual Argentina ha fet un tres de tres en triples en poc més de tres minuts jugats.

Per fi arriba el nostre primer triple gairebé al final del primer quart, de la mà de Jorge Garbajosa. A partir d'aquí, la confiança i les bones sensacions que ens han acompanyat durant tot el campionat tornen a les nostres mans, encara tenim molt temps per jugar. Tot i que tenim clar que Argentina lluitarà fins a l'últim segon, no podem deixar passar aquesta oportunitat. Hem de guanyar, és el nostre Mundial.

Només queden quatre minuts per al final i a la pista les defenses lluiten de manera ferotge i infatigable, no afluixen. És un d'aquests moments pel qual has treballat «tota la vida» i en què sents que totes les hores d'entrenaments durs han de donar el seu fruit.

I només hi haurà un equip guanyador.

Tenim un avantatge de cinc punts, 69-64. Perdem la possessió i Pablo Prigioni intenta retallar la distància al marcador. I després Manu Ginóbili. Un cop, dos cops. Els argentins fallen dues vegades consecutives, però aconsegueixen el rebot ofensiu per tenir una altra oportunitat d'anotar. No n'hi haurà cap altra! El següent és meu: capturo el meu onzè rebot entre manotades i l'urpa d'Andrés Nocioni, un jugador duríssim en defensa que no es dona mai per vençut. Arriba tard i li cau la quarta.

Veig onejar les banderes *albicelestes* i *rojigualdas* al pavelló, amb passió.

Possessió important. José Manuel Calderón puja la pilota. La bota, l'amaga i s'escora cap al costat dret del perímetre. Surto del pal baix per bloquejar-lo i... falta en atac! Meva. La quarta. La quarta!

3:16 per al final. Tan a prop. I tan lluny. Una més, una falta més i a casa. Pepu Hernández em mira des de la banqueta amb una expressió de contenció i saviesa.

És la quarta i encara queda molt partit. Li dic a l'entrenador que no amb el cap i que sí amb els ulls. Rudy Fernández em reemplaça. Estrenyo la tovallola, agafo amb força una ampolla i m'assec a la banqueta. Les dues aficions rugeixen al Saitama Super Arena. El soroll és eixordador. Aquest és un d'aquells moments que somies viure algun dia, a un pas de jugar una final històrica, inèdita, irrepetible... El somni de les nostres vides. Guanyar un Mundial! El preàmbul d'una final en un pavelló ple a vessar, dues aficions, dos països entregats als seus equips.

Argentina remunta. Defensa, defensa, defensa. No cedim ni un centímetre. Avancen els segons. No troben opcions de tir. No els deixem respirar. S'acaba la possessió. I llavors Luis Scola fa una assistència a Ginóbili, que aconsegueix fer un triple impossible. 69-67. Les bufandes *albicelestes* formen hèlices al cel del pavelló. La grada es refà. El líder de l'equip ha assumit la responsabilitat. No li tremola el canell. Ni el pols. Quatre de set en triples. Estrenyo la tovallola amb més força. Vinga, companys! Vinga, equip! Pugem la pilota de pressa, i Juan Carlos Navarro connecta amb Carlos Jiménez, que s'aproxima a la zona intentant ficar-la a la cistella després de fintar el tir, però Scola el defensa bé... I... falta... en atac!

Vinga, companys! Amunt! 2:37. Des que he sortit de la pista no m'he pogut asseure, no vull asseure'm, vull tornar a entrar i miro el míster. I el míster em mira.

Una mirada. A dins, Pau!

Ha arribat el moment de la veritat. I jo em torno a situar en l'ull de l'huracà. Fa quatre anys, a Memphis, em titllaven de feble. Després em van triar Rookie de l'Any. La temporada següent van insinuar que em faltava caràcter. I ens vam ficar en els *playoffs* per primera vegada en la història de la franquícia. La història.

Ginóbili la puja amb determinació. Si parlem de líders, ell n'és un dels de debò. Mira, es gira, mitja volta, s'eleva, busca el tauler. I falla! Rebot nostre i Ginóbili s'abalança i comet la seva quarta falta.

Recuperem la possessió. Juan Carlos assumeix el lideratge. La pilota frega la cistella i acaba entrant. Sí! 71-67! L'equip argentí torna a la càrrega. Ginóbili ho torna a intentar des dels set metres. Se li'n va! Un error atípic. La tensió, el soroll, la febre. Ja queda menys!

1:50 per al final, quatre punts al davant i una possessió per a la història. Ara sí. Ara ja no hi ha marge per a l'error. José Manuel la puja. Vinga amunt. Garbajosa surt del pal baix. La rep i connecta amb José Manuel, al perímetre. Juan Carlos bota la pilota i la protegeix sota una pressió enorme del seu defensor. Jo l'hi demano des del pal baix. 1:40. És aquesta. Ho sé. Aquesta és la possessió. Tinc Fabricio Oberto enganxat a l'esquena. És aquesta. Si anotem ara, som a la final. Sento que ha arribat el moment. Ara és el meu torn; no puc fallar. L'hi demano a Juan Carlos. Tota la vida junts. Cada vegada més a prop. Juan Carlos me la passa. D'esquena a la cistella. Sé com fer-ho. Ho he fet mil vegades. El seu alè, l'alè d'Oberto al meu clatell. He de ficar-me cap a la cistella, per donar el cop definitiu. Faig un revers cap a la línia de fons per acabar amb la mà dreta a l'altre costat de la cistella, estic a punt de deixar enrere Fabricio quan de cop sento un dolor molt fort al peu. No! M'acabo de trencar! Afortunadament, l'àrbitre xiula falta. Caic a terra i m'agafo el peu. Ho sé. En aquest mateix moment sé que no jugaré la final. I sé que hi arribarem. I que la guanyarem. Tot el que haig de fer és ficar els dos tirs lliures. Amb el peu trencat dins la vamba. Abatut, però mai derrotat. Són els tirs lliures més importants de la meva vida, de la nostra història. Ningú havia dit que fos fàcil aconseguir els teus somnis. I l'objectiu és molt més gran que el meu dolor. Però jo soc el líder i això et dona una responsabilitat. No puc asseure'm a la banqueta, tot i el dolor terrible, haig de llançar aquests dos tirs lliures. 1:36. Un a dins. Miro la banqueta i els dic que no puc continuar; després del segon tir lliure demanaré el canvi, però abans he de ficar-lo, i sé que ho aconseguiré. I dos! Coixejant i plorant, deixo la pista, confio amb tot el meu cor en els meus companys perquè rematin la feina.

Després d'anotar els dos llançaments des de la línia de tirs lliures amb el cinquè metacarpià del peu esquerre trencat, passo a la banqueta els noranta segons més llargs de la història de la meva carrera esportiva. Tenim un punt d'avantatge, última possessió del partit, la pilota a les mans de Ginóbili, Juan Carlos el defensa; Manu penetra; li tanquem molt bé l'intent d'anotar, però troba Nocioni, el Chapu, a la cantonada dreta tot sol. A les seves mans té el triple que pot canviar la nostra sort i la història del bàsquet espanyol. Però, afortunadament, el llançament li surt una mica llarg i falla. Agafem el rebot i s'acaba.

Vam guanyar Argentina, la campiona olímpica en aquell moment, per 75 a 74.

Aquell dia, al Japó, vam ser els millors, la generació d'or. Va ser el triomf d'una història d'il·lusió, esforç, unitat i humilitat. Aquella victòria no va ser casual, sinó el fruit de molts estius competint junts, d'un equip que havia après dels errors en els campionats anteriors, d'uns jugadors que gràcies a les adversitats viscudes havien crescut i madurat plegats.

El dia 3 de setembre del 2006, a les dues del migdia, vaig completar un dels partits més importants de la meva vida. A la final del Campionat Mundial de Bàsquet, contra Grècia, no vaig anotar cap punt. No vaig fer cap tap ni vaig capturar cap rebot. Aquell dia vaig jugar des de la banqueta sense ni tan sols poder recolzar el peu esquerre a terra. Això sí, encara que anés amb crosses, vaig donar tot el meu suport moral i emocional als companys. Aquell 3 de setembre, la Selecció espanyola de Bàsquet, amb tota la seva fortalesa, va saltar al parquet del Saitama Super Arena rumb a la primera medalla d'or de les seves vides en un campionat sènior. Del món. Seria la primera de moltes, d'una glòria treballada i liderada per la força d'un grup que aquell dia va sortir a la pista amb una emotiva frase inscrita a les samarretes. Un missatge que transmetia la companyonia i la unitat del conjunt: «El Pau també juga». Quin gran equip! I quin gran entrenador, Pepu Hernández. Una llegenda del nostre esport. Hores abans de la final del Mundial, havia mort el seu pare. Tenint en compte el moment en què ens trobàvem i el que estàvem a punt de viure, va prendre la decisió de no compartir la trista notícia amb nosaltres, ja que no volia alterar la nostra concentració abans de la gran final. Que gran, el Pepu.

Aquell dia vaig ser escollit MVP (jugador més valuós) del campionat. Aquell dia vam tallar les xarxes de les cistelles amb una cinta al front i vam escriure la pàgina més bonica de la nostra vida. I de la nostra història. Fins aleshores. Com un veritable equip. Com una autèntica família. La nostra maduresa i preparació mental, i les derrotes viscudes en els campionats anteriors —com quan el 2002 ens van eliminar a Indianapolis als quarts de final al Mundial, o el 2003 quan vam perdre la final de l'Europeu a Suècia, o la derrota als Jocs Olímpics d'Atenes del 2004, quan vam quedar eliminats a quarts de final contra els Estats Units—, ens van ajudar a aconseguir aquella medalla d'or del Mundial. L'experiència de tots aquells anys anteriors va ser la clau per al triomf del 2006, i per als que vindrien després.

Des de les vivències acumulades al llarg de la meva carrera esportiva, sota la cistella, emprenc ara l'escriptura d'aquest llibre amb el qual m'agradaria compartir els valors i principis que m'han ajudat a recórrer aquest camí.

Fins ara havia exposat algunes d'aquestes reflexions en xerrades i conferències, però el desig de fer-les arribar a un públic més ampli (des dels joves als quals el meu exemple els pot inspirar, fins a aquells professionals i emprenedors que hi trobaran pensaments que podran traslladar a les seves pròpies activitats) m'ha animat a explicar-les en el llibre que ara teniu a les mans. Perquè una de les coses més gratificants per a qualsevol persona és compartir el que ha après amb qui estigui disposat a escoltar-lo, amb l'esperança que li pugui servir en el seu propi viatge.

PRIMERA PART

El talent

1

Què és el talent?

De petit vaig practicar natació, bàsquet, futbol, karate, hoquei, handbol... Vaig tenir la sort d'anar a una escola on l'esport era una part important del programa escolar i on s'entenia com una eina clau per a l'educació i el desenvolupament de l'alumnat. Els meus pares volien que provés diferents opcions perquè pogués descobrir l'esport que més m'agradava. També vaig estudiar solfeig i piano, i gràcies a això avui dia gaudeixo molt del món de la música. Per a la meva mare, la formació intel·lectual era una prioritat. Era important que coneguéssim diferents realitats. I suposo que el que ella i el meu pare ens van ensenyar va ser a saber distingir millor el que volíem i el que no. De seguida vaig identificar la meva passió: el bàsquet. Aprenia de pressa i tenia bona coordinació i visió de joc, la qual cosa em donava llibertat i capacitat d'adaptació davant del que succeïa a la pista. I vaig decidir perseguir el meu somni. Sabia que tenia talent, i a mesura que pujava de nivell i avançava en la meva curta «carrera», em vaig adonar que si no treballava no arribaria a dalt de tot. I jo volia arribar-hi.

Per aconseguir el meu màxim potencial, havia de treballar i dedicar moltes hores a entrenar-me. Vaig entendre que seria un procés llarg i dur, però, com que era el que em fascinava, l'esforç valdria la pena. No hi ha res tan reconfortant com poder desenvolupar el propi potencial i fer-ho de manera apassionada.

Vaig tenir clar que volia perseguir el meu somni, i si volia aconseguir arribar a dalt de tot, havia de guanyar-m'ho a força de treball i esforç, perquè sabia que ningú em regalaria res. Encara que tinguis molta habilitat en alguna cosa, això ho has de tenir sempre present. Per sort vaig tenir entrenadors que van saber veure el meu potencial i em van fer treballar i adonar de la dificultat del camí cap a la meta que m'havia marcat.

El suport incondicional del meu entorn familiar sempre va ser determinant per poder desenvolupar la meva capacitat. He estat molt afortunat de tenir una família que ha sabut educar-me i transmetre'm uns valors que han estat clau en la meva trajectòria, com ara la humilitat i la capacitat de superació. La meva mare arribava tard de la feina, després de llargues jornades a l'ambulatori on treballava de doctora, i sempre ens feia el sopar; el meu pare, sempre que podia, quan acabava la jornada laboral, ens venia a buscar a en Marc i a mi als entrenaments. Quan ets petit veus com els teus pares es desviuen per tu, sense queixar-se mai, i després els vols retornar tot allò que t'han donat. L'ambient en què vaig créixer i els valors que em van inculcar a casa han tingut una influència enorme en la persona que soc.

Sense cap mena de dubte, «talent» és una de les paraules que més se senten en el món de l'esport d'elit. El talent sempre és personal i intransferible. No es pot triar, ni es busca ni es persegueix; senzillament ja hi neixes, com si fos un diamant en brut. Hi ha moltes persones amb grans dots i talents en aquest món, amb capacitats particulars que els permeten destacar en la seva professió. Però la immensa majoria de les que en tenen un d'especial no són tan conegudes com els esportistes d'elit.

En el cas dels esportistes professionals, es dona per descomptat. Com deia un dels meus entrenadors a l'NBA: «Tots els que sou aquí teniu un talent especial; si no, no seríeu en aquesta lliga». El públic els veu per la televisió, en contempla les gestes, es pregunta com són capaços de fer el que fan. I també hi ha qui pensa que es tracta d'un do natural, d'una habilitat que aquest esportista tan sols ha d'activar, com si accionés el mecanisme del talent cada vegada que salta a la pista. Òbviament, no funciona així. El fet que reconeguem que el talent és necessari per destacar en qualsevol àmbit no significa que n'hi hagi prou tenint aquesta habilitat. Ara bé, el que sí que podrà demostrar sempre qualsevol esportista d'elit és que ha treballat molt dur per arribar on és. I això, en certa manera, ja és un talent en si mateix.

D'altra banda, també hi ha aquells que, desafortunadament, no arriben a desenvolupar el seu potencial per diferents motius. Pot ser que siguin persones que es troben en situacions de vulnerabilitat, adversitat o que tinguin unes circumstàncies vitals que no els ho permetin. També pot ser que ni tan sols siguin conscients del potencial que tenen perquè mai s'han plantejat que pugui existir i, en conseqüència, no l'han treballat. Sé del que parlo. Precisament una de les meves inquietuds és oferir als nens i nenes els mitjans perquè puguin desenvolupar el seu potencial proporcionant-los oportunitats i recursos. Perquè si parlem de talent, cal parlar també de possibilitats per desenvolupar-lo.

En el meu cas, la meva família m'ha transmès uns valors que no m'abandonaran mai. Tinc molt clar que sense el seu entusiasme i la seva devoció, el meu talent hauria crescut de manera diferent, especialment perquè quan ets petit mai no penses en si en tens o no. Ara bé, el cas és que jo vaig descobrir el meu. Gràcies a això, puc gaudir d'una vida plena de satisfacció, ja que, a més de passar-m'ho molt bé amb el que faig, tinc la gran sort de poder transmetre els meus coneixements, i l'esport ha estat un dels meus grans mestres.

Precisament aquesta va ser una de les raons que em van impulsar a crear, juntament amb el meu germà Marc, la Gasol Foundation. El nostre propòsit és reduir les xifres d'obesitat infantil, una epidèmia que afecta 42 milions de nens a tot el món i que, segons l'Organització Mundial de la Salut, arribarà als 70 milions el 2025. Volem conscienciar la població d'aquest problema de salut tan greu, fer-lo visible, i proporcionar iniciatives i eines per erradicar-lo seguint el nostre lema «Zero obesitat infantil». Els nostres programes es basen en quatre pilars: la promoció de l'activitat física, l'alimentació saludable, el descans i el benestar emocional no tan sols dels nens, sinó també de les seves famílies. Sabem que el repte és ambiciós, però estem convençuts que coordinant-nos amb els agents clau de cada territori aconseguirem que tots els nens i nenes arribin a l'edat adulta preparats físicament i mentalment per tenir una vida plena, sana i repleta d'oportunitats.

El meu paper com a Ambaixador de Bona Voluntat a UNICEF també va en aquesta mateixa direcció i m'ha permès descobrir la magnitud de les mancances amb què viuen milions de nens i nenes arreu del món. Alguns dels petits i petites etíops, bolivians o bengalís arriben a l'adolescència, si hi arriben, massa castigats físicament i emocionalment per poder desenvolupar el seu potencial i perseguir el seu somni professional. És una injustícia clamorosa. Succeeix el mateix amb els centenars de milers de nens que treballen com si fossin adults en condicions infrahumanes a tots els racons del planeta. Us imagineu quantes estrelles del bàsquet, l'atletisme, la medicina o la investigació podrien sortir d'aquesta població infantil?

Si tots aquests nens tinguessin les oportunitats que vaig tenir jo, segurament més d'un avui estaria fent-me taps a l'NBA. L'autèntic drama és que si un nen no té un mínim de circumstàncies al seu favor ni ningú que el motivi o l'ajudi a millorar, llavors és molt probable que les portes dels seus somnis es tanquin sense descobrir el que hauria pogut ser. Però si té accés a una bona educació, aquest talent innat brollarà. Ara bé, si ningú l'estimula, es quedarà allà, com una llavor oblidada. I és que el talent no és més que una habilitat especial que té una persona per desenvolupar una activitat. Com a mínim, tothom en té un. El que és fascinant és identificar quin n'és el nostre i llavors desenvolupar-lo, nodrir-lo i cuidar-lo al llarg de la vida.

2

Els superherois no existeixen

El talent és un arma de doble tall: et pot beneficiar però també et pot destruir. He vist gent maltractada pel seu talent i d'altra que l'ha fet créixer fins a arribar a límits insospitats. El talent serà, en moltes casos, el que definirà el recorregut professional d'una persona. Així doncs, és extremament important, tan poderós com potencialment perillós, perquè de vegades pot ser el camí més directe cap al fracàs.

Tenir un poder no significa saber com administrar-lo. Pot passar que el poder et sedueixi, que quan els afalacs es converteixin en el pa de cada dia, se t'ennuvolin els sentits. El més probable és que, per si sol, el talent no et serveixi de res. No et mantindrà a dalt de tot quan hi arribis. Quan hi siguis et faran falta moltes altres qualitats per mantenir-t'hi. Suposo que ja ho deveu haver sentit dir alguna vegada, però no em canso de repetir-ho: el que és difícil no és arribar-hi, sinó mantenir-s'hi. I mantenir-s'hi, creieu-me, requereix compromís, esforç, treball... Crec que sabeu de què parlo És molt habitual sentir la frase «Té molt de talent», sovint referida a nens que toquen molt bé un instrument musical o que destaquen en algun esport. I molts corren el risc de caure en el parany de creure's que serà el talent el que acabarà obrint-los portes quan en realitat seran la seva actitud, el seu caràcter i els seus valors allò que els permetrà aconseguir l'èxit. Jo sempre he defensat viure el present, treballar dia a dia, perquè crec que és la millor manera de gestionar les pròpies aptituds. Si no el treballes amb diligència, si no t'esforces en cada oportunitat que tinguis, el talent no es desenvoluparà, encara que la majoria de la gent asseguri que és el que cal per arribar al cim. La dedicació i l'esforç són tant o més importants. Puc parlar-vos de Kobe Bryant, del seu desig de ser el número u, de la seva inesgotable capacitat de treball, de la seva excepcional disciplina, de la seva mentalitat Mamba, del seu inqüestionable esperit guanyador, de la seva competitivitat inigualable. La seva habilitat era jugar a bàsquet, però totes aquestes qualitats li van permetre ser un dels millors de la història.

De la mateixa manera que no és or tot el que lluu, tampoc no és talent tot el que brilla. Saber apreciar les coses pel seu valor i no per com resplendeixen és una manera immillorable d'aprendre a mirar-les. Els diamants no brillen sempre, al contrari: un diamant és una pedra opaca que molt poca gent sap identificar pel que realment és. I obtenir el diamant d'aquesta pedra exigeix una destresa proverbial. Es necessitarà una precisió quirúrgica i una força colossal per tallar-la. És el procés que coneixem com a «polir un diamant en brut». I aquest és el veritable camí del talent. El que separa la roca fosca de la pedra preciosa. I aquest és també l'únic camí pel qual discorre el sacrifici, que seria semblant al revers del talent, a la força necessària per desenvolupar-lo i fer-lo créixer.

Sempre vaig ser dels més alts de la classe, i quan vaig arribar a l'adolescència, la meva alçada sobrepassava amb escreix la mitjana de la gent. Era objecte de mirades constants, bromes de vegades de mal gust i riures dels més descarats. Molta gent em deia «Amb aquesta alçada, seràs jugador de bàsquet», com si el físic em destinés a això, quan en el meu cas encara no havia pres la decisió de dedicar-m'hi. De fet, hi ha moltes persones que són menys altes que jo que es dediquen amb èxit al bàsquet i d'altres tan altes com jo que han optat per altres carreres professionals. Amb el temps vaig aprendre que allò que em feia diferent i que em creava tant de complex en certs moments de la meva joventut, en realitat era un regal que m'ha permès desenvolupar l'autoestima. Naturalment tots aprofitem les nostres qualitats personals i juguem les cartes que tenim a la mà, i és obvi que l'alçada ha tingut un paper important en l'èxit de la meva carrera com a jugador de bàsquet, però han estat igualment importants altres aspectes com ara la preparació física i mental o la capacitat d'analitzar el joc.

El talent, quan s'educa bé, pot convertir-se justament en això: en el baluard de la teva fortalesa. Per contra, ser exagerat o dramàtic i presumir de les teves virtuts es pot girar en contra teva. I quan has arribat a complir el teu somni, o alguns dels teus somnis, és molt fàcil descobrir-te en situacions en les quals et fan sentir que ets un ésser semblant a un déu, algú imprescindible, una mena de superheroi.

Però els superherois no existeixen. Ni tan sols Mozart va ser un superheroi. Tothom lloa la magnitud del geni de Salzburg i que es manifestés tan d'hora. De Mozart es deia que va començar a escriure música als sis anys. Una altra mentida. Així ho explica Malcolm Gladwell a *Fuera de serie*, un llibre fascinant i molt recomanable en el qual l'escriptor desmunta diversos mites existents sobre la importància del talent. Explica, per exemple, que els primers treballs de Mozart no eren gens brillants. És més, les seves primeres partitures probablement les va escriure el seu pare. I si ens fixem en l'opinió dels experts, no va compondre cap partitura genial fins als vint-i-un anys. És clar que la clau de tota aquesta història l'aporta Gladwell. Sabeu quantes hores s'havia passat el jove Mozart davant d'un piano quan tenia vint-i-un anys? Deu mil, ni més ni menys!

Gladwell analitza altres casos molt interessants, com el dels Beatles, el de Bill Gates o el dels campions indiscutibles de l'hoquei sobre gel al Canadà. En tots aquests casos, investiga el temps que cada geni ha invertit en el seu talent, fins a concloure que tothom que destini deu mil hores a la seva formació professional serà un autèntic geni en el seu camp. Deu mil hores. Feu els vostres càlculs. O ja us els faig jo: l'equivalent a 416 dies sencers sense dormir i 16 hores.

La moralitat de la història és que els genis no neixen, sinó que es fan. El més important perquè sorgeixi el talent són la dedicació i la constància. I això es tradueix en hores. A l'NBA un jugador d'un equip que no aconsegueix els *playoffs* jugarà vuitanta-dos partits a l'any, sense comptar els de pretemporada. Però el jugador que arribi a disputar la final, un privilegi que he tingut la sort d'experimentar en tres ocasions, pot acabar jugant més de cent partits en una temporada. Estic segur que en algun moment de la meva carrera he superat les deu mil hores que Gladwell suggeria per arribar a ser un mestre en la teva professió.

Jo vaig créixer veient jugar Michael Jordan. Era el meu gran ídol. No hi ha hagut mai ningú com ell. I encara menys jugant a Espanya o en un altre país d'Europa. L'NBA era una galàxia a part, una lliga en la qual hi havia jugadors que feien coses en una pista de bàsquet que no havia vist fer a ningú. Quan era petit, mai m'havia passat pel cap que un dia hi podria jugar. I molt menys que aconseguiria guanyar dos anells. O que arribaria a les disset temporades en la millor lliga del món. Després descobreixes que l'NBA no és el principi sinó el colofó en la carrera d'un jugador de bàsquet. El 1981, Jordan, després de passar tots els anys d'institut jugant sense parar en equips modestos, va acabar els estudis. No era un estudiant brillant, però era un jugador de bàsquet superdotat. Aquell any, abans de començar la vida universitària, no va haver de fer la prova d'accés perquè cinc universitats van trucar a la seva porta perquè s'hi matriculés. Va triar Carolina del Nord perquè era la que li quedava més a prop de casa. Jordan va jugar durant tres temporades en l'NCAA, la lliga universitària americana. Durant aquell temps es va entrenar al màxim nivell i va començar la carrera de Geografia, que va acabar completant. I el que és més important: va jugar sense parar. Hores. Moltíssimes hores.

I aprofito per fer un incís sobre un aspecte que sempre m'ha cridat l'atenció. No hi ha cap altre país al món que hagi entès la importància de fomentar l'esport en l'àmbit universitari com els Estats Units. A Espanya, sense anar més lluny, és realment complicat que els esportistes professionals compaginin la universitat amb la seva activitat esportiva, i per això et sents forçat a triar entre la teva formació acadèmica i el teu desig de dedicar-te a l'esport que t'apassiona. Aquesta és una de les coses que m'encantaria impulsar algun dia. En un estudi elaborat per la mateixa NCAA, només l'1,2 per cent dels jugadors universitaris arriben a jugar a l'NBA, la qual cosa vol dir que un percentatge aclaparador de jugadors que somien a convertir-se en professionals del bàsquet han de buscar una altra manera de guanyar-se la vida.

3

Com desenvolupar el talent

Quan algú inverteix moltes hores en una determinada activitat, la seva habilitat per dur-la a terme acostuma a sortir molt beneficiada. També és veritat que quan algú dedica moltes hores a una sola cosa, deixa d'invertir temps en altres coses que li agrada fer. I això és el que anomenem «sacrifici». Sense el sacrifici necessari no podem esbrinar fins on ens pot portar el talent, i sacrificar-se significa treballar molt dur per aconseguir el teu objectiu. La pressió a la qual està sotmès qualsevol esportista d'elit és extraordinària, i són molt pocs els que arriben a dalt de tot. Amb talent, sense un treball intens de preparació, no n'hi ha prou per triomfar, tant des del punt de vista físic com mental. La vida és una suma de moments i decisions que prenem mentre anem fent el nostre camí. Per exemple, quan era adolescent preferia quedar-me a casa estudiant o descansant per al pròxim entrenament, o per al proper partit, en comptes de sortir a prendre alguna cosa o anar-me'n de viatge amb els amics els caps de setmana. Des dels setze anys, amb l'excepció de tres per lesió, tots els estius els he dedicat a jugar amb els meus companys de selecció. Potser hi ha algú que considera que tot això que he fet ha estat un gran sacrifici, i potser en part té raó, però crec que han estat decisions alineades amb l'esport que m'agrada, amb la meva passió, amb el meu talent, i quan tens la sort de dedicar-te a una cosa amb la qual gaudeixes de debò, treballar deixa de ser un sacrifici.

Un altre dels meus somnis era estudiar medicina, l'àmbit professional del qual provenen el meu pare i la meva mare. El 1999 vaig començar els estudis de Medicina, el mateix any en què vaig debutar en el FC Barcelona. Però va arribar un moment de la meva formació com a jugador en què diversos dels meus entrenadors van coincidir a dir que tenia un futur prometedor. Vaig tenir la sort de tenir grans entrenadors: el primer quan vaig arribar al Barça amb setze anys va ser Juan Llaneza. La seva duresa i la seva disciplina em van ajudar a créixer. Els anys següents van ser decisius per al meu desenvolupament, i llavors Juan Montes, Quim Costa i Aíto García Reneses van ser fonamentals perquè jo fes el salt definitiu. A força de treballar molt, d'entrenaments individuals a primera hora del matí o a última de la tarda, em van ensenyar que si volia triomfar no hi havia cap altra manera, havia de treballar com ningú. Deixar els estudis va suposar un sacrifici, ja que vaig haver de renunciar a un altre dels meus somnis: ser metge.

No va ser una decisió fàcil, encara que sabia que era la decisió correcta en aquell moment. Volia convertir-me en jugador de bàsquet professional i només hi havia una manera de saber si això era possible: posant-hi els cinc sentits, lliurant-me en cos i ànima a aquest gran repte. Sabia que tenia talent perquè jugava bé a bàsquet. Però encara em quedava molt per demostrar. Tenia totes les condicions per aconseguir-ho, però per molt potencial que tingués, si no m'hi esforçava de debò, no arribaria a complir mai el meu objectiu.

Alguns somnis apareixen ben d'hora. I els meus de ser metge i de dedicar-me al bàsquet van forjar-se molt aviat i sempre han anat junts. Tots dos van ser alimentats per la passió que em van transmetre els meus pares. Triar el bàsquet va ser una decisió complicada, i soc conscient que si ells no haguessin estat uns amants de l'esport, segurament la meva vida hauria estat ben diferent. De fet, a la meva mare li va saber greu que deixés la carrera de Medicina.

Tant per a mi com per a ella, i per a la resta de la família, va ser un moment molt difícil, ja que des de ben petits els meus pares ens van inculcar l'enorme valor dels estudis i de la nostra educació. M'imagino que si no m'hagués guanyat la vida amb el bàsquet, hauria tornat a dedicar-me de ple a la carrera de metge.

Un altre gran moment de la meva vida en què la meva família em va donar un suport incondicional va ser quan vaig marxar a jugar a l'NBA. Tenia vint-i-un anys i vaig decidir anar-me'n als Estats Units a complir el meu somni. Per a molta gent, me n'anava «a l'aventura», perquè aleshores hi havia qui dubtava de les meves possibilitats de triomfar. Al cap i a la fi, era el segon espanyol a la història, després de Fernando Martín, que provava sort en la millor lliga de bàsquet del món. Ara bé, si parlem de sacrifici, els meus pares i els meus germans sí que es va sacrificar per mi quan van decidir acompanyar-me al continent americà i fer una pausa en les respectives carreres professionals. Per a ells, mantenir la família unida era el més important i això em va donar una gran estabilitat. Els meus germans van deixar enrere l'escola, els amics, casa seva per anar a un altre país, on es parlava un idioma que desconeixien del tot. Va ser una mostra d'unió i de fortalesa que sempre ens ha acompanyat i sempre ens acompanyarà. Per a mi, va ser un missatge molt important que he tingut present al llarg de la meva carrera i que recordaré tota la vida. Vivia un moment de canvi, de risc, de pressió, de responsabilitat, i quan tornava a casa després de jugar, d'entrenar-me o d'haver fet un viatge, tots eren allà, com si estiguéssim a Sant Boi. I això va ser fonamental perquè m'adaptés molt més de pressa, em pogués concentrar en el bàsquet i donés el millor de mi des del començament.

Avui continuo sent l'únic estranger criat fora dels Estats Units que ha guanyat el guardó de Rookie de l'Any. Gràcies, família.

4

Els valors de l'equip

La carrera de l'esportista d'elit està plena d'alts i baixos. Les victòries i les derrotes, els elogis i les crítiques, trobar-te en bona forma i de cop lesionar-te i no poder ajudar el teu equip a la pista. El temps que dediquem a la nostra professió és gairebé absolut. I en aquest sentit no hi ha millor escola que el treball en equip. L'equip és la unió, la força i la universitat de l'esportista professional. I és el més semblant que tindràs a una família si estàs lluny de la teva, sobretot quan ets molt jove. I un esportista d'elit gairebé sempre ho és. Jo ja soc un veterà, he superat de llarg l'edat mitjana a la qual s'acostuma a retirar un jugador de bàsquet. I això per a mi és un símptoma. Un símptoma sensacional que he après a adaptar-me als equips, a les seves filosofies i a la seva varietat. Sens dubte la longevitat és un motiu d'orgull i saber ajustar-te a les noves situacions i gestionar el canvi de manera positiva marca la diferència, especialment a l'NBA, on és estrany que un jugador hi passi més de cinc temporades i, sovint, canvia d'equip una temporada sí i l'altra també. Després de les meves primeres tretze temporades, dividides a parts iguals entre els Grizzlies i els Lakers, els últims quatre anys els he jugat amb els Bulls i els Spurs, i m'he sabut adaptar, de vegades amb dificultats, a les diferents situacions. I continuo plantant cara exactament com el primer dia, amb la mateixa il·lusió i les mateixes ganes de gaudir-ne.

Quan jugues en equip, el teu talent i els teus fonaments tècnics no són més que això: habilitat i bons fonaments. El talent individual és valuós sempre que siguis capaç d'adaptar-te i d'aportar-lo al teu equip, fins al punt que és més important la capacitat d'adaptar les teves habilitats a les necessitats de l'equip que ser un jugador hàbil. No tots els jugadors poden jugar trenta minuts, o fer vint punts per partit; has de reconèixer què necessita l'equip de tu i anteposar moltes vegades l'interès de l'equip al teu. Això comporta un esforç personal i molt treball mental, i establir una bona comunicació amb els entrenadors i els companys per tenir clar el teu rol. L'objectiu no és lluir-te, sinó el bé de l'equip. Si creixes com a persona sent humil, el teu talent com a professional sempre s'enfortirà. M'he trobat diverses vegades al llarg de la meva carrera descobrint qualitats que desconeixia, valors que he anat absorbint al llarg de la meva vida i que m'han fet ser qui soc. La disciplina, la perseverança i la comunicació són dels més importants, tot i que no són els únics.

És curiós descobrir que molts dels valors que he enfortit ara que ja soc un professional veterà els havia après amb els meus primers equips: la companyonia, la humilitat, l'entrega. Els mateixos en què em van educar els pares i que m'han acompanyat tota la vida. Els valors que m'han portat a conquistar els anells de l'NBA o les medalles amb la Selecció espanyola, ja estaven presents a casa meva i a les pistes de Sant Boi. I a les de Cornellà. Nens il·lusionats. Nens dedicats al bàsquet. Fent pinya. Sent un equip. Quina eina tan meravellosa d'aprenentatge continu que és l'esport! I després d'haver jugat en tants equips increïbles, d'haver après de tants companys i de tants entrenadors, després de llegir sobre el tema i de treballar amb nens i nenes, m'he adonat que el que converteix l'esport infantil en un model a seguir és la quasi absoluta absència d'egos. En l'àmbit professional això és pràcticament utòpic, però està demostrat que els millors equips són els que gestionen bé els egos, ja sigui per l'entrenador o pels jugadors líders del grup.

Cal entendre que el que és millor per a l'equip també ho és per a cadascun dels seus components, perquè si l'equip triomfa, tothom hi guanya. És l'única manera d'aconseguir reptes superiors.

Els egos són un hàndicap per a qualsevol equip perquè representen la negació del seu esperit. Quan ets jove i competeixes amb els més bons del país és fàcil creure que ja has arribat al cim. Especialment quan el teu talent és evident. És un moment molt delicat. D'una banda, surts de l'adolescència, arribes a la majoria d'edat i comences a descobrir el poder de la seducció. I la veritat és que els jugadors dels grans equips provoquen fascinació entre la gent. Tu encara no hi has arribat, però acaricies el somni, i com més a prop hi estàs, més sospirs sembla que provoques al teu voltant. Són sospirs dirigits al teu ego, no a la teva persona. Per tant, és millor no fer-ne cas. Jo sempre procuro que el personatge no es mengi la persona. L'etapa com a jugador de bàsquet professional té data de caducitat i la fama és una cosa efímera, el que realment importa al final és la persona. Si deixes que el teu èxit professional et defineixi, et trobaràs en una posició vulnerable. Primer, per creure't millor que els altres simplement perquè fas una cosa a molt alt nivell, en el meu cas ficar la pilota en una cistella. I segon, perquè el dia que no pots continuar fent aquesta activitat, i aquest dia sempre arriba, la patacada que et claves pot ser espectacular. Cal vigilar. I quan la persona creix, quan els somnis comencen a aparèixer a l'horitzó, és fonamental no perdre de vista el nen que vas ser. El que jugava al vint-i-u amb el germà o la germana, com feia jo amb el Marc. Ens portem quatre anys i mig, una diferència considerable quan ets un nen. Al principi em resultava molt fàcil guanyar-lo, però amb els anys la cosa es va anar complicant. He de confessar, en qualsevol cas, que mai no em vaig deixar guanyar cap partida. En definitiva, cal tenir sempre presents les pròpies arrels.

Quan treballes sense ego, descobreixes que l'autèntic talent consisteix a fer encaixar les teves aptituds en el grup tan bé com pots. A convertir-te en una peça útil, i si pot ser clau, en l'engranatge. A aprendre a aportar el teu granet de sorra sense esperar res a canvi. El talent col·lectiu, ben entrenat i cohesionat, és el que guanya campionats.

Quan em van traspassar als Lakers el febrer del 2008, després d'estar sis temporades i mitja als Grizzlies, se'm va posar davant una oportunitat que no podia desaprofitar. Al Memphis era el jugador franquícia, però sabia que a partir d'aquell moment formaria part dels Lakers de Kobe Bryant, un dels millors jugadors de bàsquet de la història. Tan bon punt vaig aterrar a Washington DC, la premsa em va preguntar qui seria el líder de l'equip, si podria haver-hi friccions entre el Kobe i jo, ja que tots dos estàvem acostumats a liderar els nostres respectius equips. El meu missatge va ser clar: «Aquest és l'equip del Kobe i no hi haurà cap problema entre nosaltres. Estic molt feliç de ser aquí i la meva única preocupació és ajudar aquest equip a guanyar el campionat. La resta no té cap importància». Jo havia d'assumir un paper més secundari i vaig entendre que si el feia bé teníem més opcions de guanyar un anell. Llavors vaig sacrificar punts i tirs. En aquell moment, l'equip estava en la sisena posició de la Conferència Oest i vam acabar la temporada primers. Vam perdre la final contra el Boston, però aquella derrota va fer que augmentessin les nostres ganes de guanyar i això va dur-nos a aconseguir els dos anells que van venir les dues temporades següents.

És important entendre que qualsevol esport en equip consisteix a sortir d'un mateix per formar part d'un tot que és molt més gran que tu. Aquesta idea me la va transmetre molt bé Phil Jackson. El Phil era l'alquimista dels Lakers i un dels líders més importants de l'equip. El que més em fascinava era la seva habilitat per gestionar els egos. Tenia una capacitat única i especial per obtenir el millor de cada jugador. El Phil era una peça clau del nostre èxit.

Qualsevol equip necessita gestionar els egos per remar en la mateixa direcció. El Kobe i jo fèiem una bona parella, però Lamar Odom, Andrew Bynum i Derek Fisher, entre altres jugadors, aportaven tot allò que necessitàvem perquè l'equip fos realment efectiu i poguéssim arribar a dalt de tot.

L'èpica del joc en equip és universal. Desprèn una energia que es percep des de ben d'hora. Tant és que tinguis sis anys com trenta-vuit. Quan jugues amb altres companys, quan t'entrenes i guanyes i perds partits al seu costat, vius com en una família. Aquesta va ser una de les coses que vaig aprendre quan vaig començar a jugar amb la Selecció espanyola. Recordo com si fos avui el viatge que vam fer el 1998 a Varna, a Bulgària, per disputar el Campionat d'Europa de Bàsquet Sub-18. La delegació estava formada per dotze adolescents i gairebé quaranta adults, entre l'equip tècnic i els pares d'alguns de nosaltres. El viatge va ser llarg i dur, amb avió de Madrid a Bucarest, i després amb autocar fins a Bulgària. Estàvem molt il·lusionats, cantàvem —jo més que ningú— i dormíem de tant en tant. I somiàvem.

La nit anterior havíem sortit a fer un volt per Madrid,

que era una cosa que gairebé no fèiem mai. Com que érem tan alts, ningú ens va demanar el DNI. En aquella època, molts de nosaltres havíem començat a sacrificar la nostra joventut per l'esport i els estudis. Ens trobàvem, encara que potser no en fóssim conscients, en la primera cruïlla de les nostres vides, en aquell moment en què encara no saps què faràs a la vida, si et dedicaràs a l'esport o apostaràs per la universitat. D'aquell grup, els dos únics que semblava que aconseguirien viure del bàsquet eren Juan Carlos Navarro i Raúl López. I durant la concentració a Madrid fins i tot alguns de nosaltres havíem estat estudiant per a la selectivitat. A mi, llavors, l'NBA em semblava una galàxia llunyana. De fet, l'única cosa que tenia clara era que començaria la carrera de Medicina, i després ja veuríem. I fins i tot somiava que trobaria una cura per a malalties com ara el càncer i la sida. Sempre he estat molt somiador... El bàsquet era la meva passió, m'encantava jugar-hi i cada vegada ho feia millor, però encara no tenia cap garantia que pogués dedicar-m'hi plenament i guanyar-me la vida jugant-hi. Per això els meus pares m'ho recordaven sovint perquè no deixés d'estudiar.

La unió que es va teixir en aquell grup tan meravellós de nois va ser clau perquè la majoria de nosaltres decidís apostar-ho tot pel bàsquet. En aquelles edats, una de les ombres més poderoses que et pot dissuadir de fer el salt professional és el sacrifici de la teva joventut. I, d'alguna manera, aquella selecció, aquell grup tan ben avingut, era com la negació de qualsevol mena de sacrifici. Aquell equip era un cant a l'amistat, una cosa molt poc habitual en el món de la competició d'elit i de l'esport professional. I en aquell viatge a Varna em vaig llançar a cantar les meves dues cançons preferides aleshores: «Basket Case», de Green Day, i «I Believe I Can Fly», de R. Kelly, per fer el trajecte més suportable. De fet, d'ençà aleshores em van començar a anomenar «el Virtuós». Rient i jugant, es van establir les bases d'una unió que duraria anys: la generació dels Júniors d'Or del bàsquet espanyol, una família.

Vam perdre el primer partit, contra Israel, i després vam encadenar set victòries consecutives, l'última de les quals va ser contra Croàcia, i ens vam proclamar campions júnior d'Europa. No vaig jugar la semifinal contra Grècia, però després vaig ser titular a la final. En realitat, en aquell equip, la banqueta i el cinc inicial van ser sempre la mateixa cosa.

Després de guanyar el Campionat d'Europa a Varna, ens vam participar en el Mundial de Portugal del 1999. Era un torneig complicat, però al grup s'havia creat un ambient i un esperit que ens permetien somiar. Espanya va enfrontar-se als Estats Units en la final, i va guanyar aquell Mundial amb un equip en el qual començaven a despuntar les grans estrelles del futur del nostre bàsquet.

A tots ens agrada guanyar, millorar, superar-nos, imposar-nos al nostre adversari. És una motivació. En aquest sentit, els esports d'equip ofereixen una educació fantàstica per a qualsevol nen i nena. Quan et fas gran t'adones de fins a quin punt és un privilegi haver-te educat en una dinàmica d'equip, amb afany de superació, esforçant-te mentre t'ho passes bé i amb la ment sempre posada en la consecució d'un objectiu comú. Sobretot quan arriba l'adolescència. És un moment de transformació, i disposar d'un lloc sòlid sobre el qual caminar és important. I per a mi el bàsquet ho va ser i ho continua sent.

L'esport en equip m'ha ensenyat a tenir disciplina i un compromís per treballar dur per assolir uns objectius. I m'ha preparat per no abandonar a mig camí, encara que sigui molt dur. Si saps gestionar aquesta pressió, el teu talent despuntarà.

5

Sota pressió

Com et sobreposes a la pressió? Al llarg de la meva carrera m'he enfrontat a centenars, potser milers, de situacions en què la pressió era descomunal. Cada club i cada entrenador la gestiona a la seva manera. Normalment, de jove no jugues sota la pressió a la qual hauràs d'enfrontar-te quan siguis professional, però ho vius amb la mateixa intensitat. En realitat, quan comences a jugar de nen a nivell competitiu descobreixes que la competència és brutal. El nivell és cada vegada més alt. I, normalment, com més alt és el nivell, més augmenta la pressió. Per a mi, al Barça, a la Selecció espanyola i als Grizzlies va haver-hi moments en què gestionar la pressió es va convertir en una habilitat important, i he continuat desenvolupant-la a mesura que la meva carrera avançava. Ara bé, sens dubte, la meva etapa als Lakers va marcar un abans i un després, no només en el terreny esportiu, sinó també des d'un punt de vista mediàtic.

Venia de Memphis, una ciutat que, comparada amb Los Ángeles, bé..., era molt diferent. Els Grizzlies eren un equip amb el qual vaig tenir la sort de créixer moltíssim com a professional, i en el qual vaig aprendre a gestionar la responsabilitat de ser líder. No ho era quan vaig arribar, però sí quan me'n vaig anar. Havien passat més de sis anys i en aquest període em vaig convertir en el jugador que havia aconseguit més punts, havia jugat més partits, havia agafat més rebots i havia fet més taps de tota la història de la franquícia. El mèrit és relatiu. A Memphis vam aconseguir objectius que no ens havien ni passat pel cap durant la primera temporada. Érem un equip sense història, no hi comptava ningú, amb nosaltres. I aquesta absència de pressió, aquesta humilitat, va ser molt favorable per al grup, ens va fer més equip. Ningú ens exigia que guanyéssim l'anell. No sentíem el pes de la història, ni el de la samarreta, només la il·lusió d'estar escrivint les primeres pàgines d'aquesta història, una sensació molt bonica, especialment quan vam arribar als *playoffs* en el meu tercer any.

Allò va ser un altre objectiu aconseguit, un pas important tant per al club com per a l'afició. I també el principi del desafiament. Si un any arribes als *playoffs*, l'any següent esperes tornar-hi. I ho vam fer. Vam repetir la primera ronda dels *playoffs* durant tres temporades seguides, però no vam guanyar cap partit en aquelles primeres rondes.

Quan menys ho esperava, la meva etapa als Grizzlies es va acabar i vaig ser traspassat als Lakers la temporada 2007-2008. Allà va canviar tot. Una cosa era jugar amb un equip que aspira a arribar als *playoffs* i una altra fer-ho en un que té com a objectiu guanyar l'anell. I si el teu equip aspira a guanyar-lo, si té els recursos i la plantilla per fer-ho, llavors això és més complicat de gestionar. A Los Ángeles, era gairebé proporcional a l'escala de la ciutat. Inacabable. Vaig desembarcar a la ciutat dels somnis als vint-i-set anys com a fitxatge estel·lar dels Lakers. A la ciutat de Hollywood i del bàsquet. Coneixia la història i la samarreta de l'equip, i Jerry West, Abdul-Jabbar i Magic Johnson. Sabia que Jack Nicholson i Charlize Theron n'eren fans. Tan bon punt vaig arribar-hi, Phil Jackson i Kobe Bryant em van dir: «Benvingut a Los Ángeles; estem molt feliços de tenir-te aquí. Ara, a guanyar l'anell». No podia tenir més responsabilitat. Phil Jackson llavors ja era una llegenda viva del bàsquet i el tècnic més reconegut de la història de l'NBA. Havia estat el cervell que va ser darrere dels sis anells guanyats per Michael Jordan als Chicago Bulls. L'entrenador que havia fet dels Bulls el millor equip de la dècada dels noranta i un dels millors equips de bàsquet de la història. Un autèntic líder.

Si hi ha una cosa que vam aprendre tots els meus companys i jo gràcies al Phil va ser gestionar la pressió i utilitzar-la al nostre favor. Ens va ensenyar a controlar-la des d'un punt de vista mental. Ens va transmetre que havíem de desenvolupar les nostres ments tant com els nostres físics, que el nostre talent és incomplet quan no el sincronitzem amb les exigències de la nostra ment, amb la nostra manera d'estar mentalment i emocionalment. I us preguntareu quines són les exigències d'un crac del bàsquet. El Phil ho tenia clar: perquè la teva ment estigués a l'altura del teu cos, havies de desvincular-la del passat. El que importava era l'ara i l'equip. I era possible alinear totes les dues coses, treballant la concentració i la disposició, per arribar realment a estar plenament concentrats i units.

Phil Jackson havia gestionat els jugadors més grans i havia aconseguit que juguessin al mateix nivell de compenetració. No es cansava mai de reivindicar la importància de l'equip com a unitat. Per aquest motiu el seu sistema de joc era el «triangle» del mític Tex Winter, un sistema que es basa en aprofitar els buits entre els oponents i en segons el qual la pilota es mou en funció de la defensa, sempre amb l'objectiu de trobar el company que té la millor opció de tir. El més important, de fet, era desprendre'ns de la consciència de les nostres virtuts individuals i assumir que el teu rol dins l'equip és infinitament més poderós i determinant que cap altra de les teves capacitats com a individu. Com el mateix Phil escriuria, «el jugador no només ha de ser valent, també ha de ser compassiu amb si mateix, amb els seus companys i fins i tot amb els seus rivals».

Igual que van fer Mozart, els Beatles o Bill Gates, Phil Jackson ha invertit milers d'hores de la seva vida a la seva professió. Primer com a jugador, quan també va aconseguir els seus dos anells, i després com a entrenador. Va aprendre a guanyar molt de pressa, però va tardar una mica més a adonar-se que la victòria individual era la més irrellevant de totes. I això ho diu un home que té tretze anells. La victòria sempre ha de ser col·lectiva; si no, no hi ha victòria.

Una altra de les tècniques que el Phil ens feia practicar era la meditació en grup. Ens assèiem a la sala de vídeo o al vestidor, quan jugàvem fora de casa, i el Phil apagava els llums. Amb els ulls tancats i l'esquena recta, ens centràvem en la respiració. Ell dirigia la sessió, enunciant els missatges que volia que tinguéssim presents en cada moment. Aquesta pràctica fomentava la unió de l'equip.

Amb el Phil hi havia dies que t'entrenaves en silenci i d'altres que ho feies a les fosques. Aquells dies, el treball es basava en la concentració i en la meditació, en la precisió de la relaxació. Encara que sembli mentida, un organisme relaxat és molt més precís que un organisme tens. El Phil ens va descobrir un món de saviesa increïble. Des de llavors, practico exercicis de meditació i de visualització, i això m'ha enfortit d'una manera inimaginable i m'ha ajudat a treure el màxim profit del meu talent.

El coneixement del Phil no era gens habitual. Havia begut tant de les fonts mennonites com de les cultures orientals mil·lenàries, del zen, del tao i de la cultura nativa índia nord-americana. I de totes elles havia adoptat un concepte que li va ser útil per comprendre la manera en què vivia els partits tant des de la banqueta com des de fora: sempre amb conscienciació. I a aquesta adquisició de consciència només s'hi arriba a través del silenci i de la relaxació, que et permeten assolir l'atenció plena.

Una de les tècniques que el Phil acostumava a utilitzar amb l'equip era regalar cada temporada un llibre diferent a cada jugador, segons el caràcter o els interessos de cadascú, coincidint amb la gira dels Grammy, al febrer, quan els

Lakers jugàvem vuit o nou partits fora de casa. Quan em vaig incorporar als Lakers, el primer que em va regalar va ser la novel·la *Fiesta*, d'Ernest Hemingway, que transcorre en part a Pamplona durant les festes de San Fermín. Altres llibres que em va regalar van ser *2666*, de Roberto Bolaño, que retrata la problemàtica de les drogues a Mèxic, els segrestos, la corrupció i la violència, i *Trampa 22*, de Joseph Heller, que narra la història d'una esquadrilla de bombarders durant la Segona Guerra Mundial. Per assegurar-se que ens llegíssim els llibres, a alguns jugadors després els feia preguntes o els demanava un resum. A mi no m'ho va demanar mai. Ara, en aquestes dues temporades que fa que jugo a San Antonio, Gregg Popovich també ens ha regalat un o dos llibres per temporada a cada jugador, normalment relacionats amb el racisme, molt arrelat als Estats Units. La temporada passada ens en va regalar dos: l'assaig *Race Matters*, del filòsof Cornel West, i *Entre el món i jo*, de Ta-Nehisi Coates, una carta molt emocionant d'un pare al seu fill. És interessant que dos dels millors entrenadors de la història promoguin la lectura entre els seus jugadors. Per alguna cosa deu ser.

He recorregut un llarg camí des de les primeres pistes on vaig començar a jugar de petit fins als parquets de l'NBA. I si alguna cosa tinc clara és que no ha estat el meu talent per si sol el que m'hi ha dut. La pedra en brut que alguns van veure en mi, i que em va portar a apostar pel bàsquet i dedicar-hi la meva vida i la meva carrera, s'ha transformat en una pedra preciosa. Perquè l'he tallat. Perquè el treball en equip ha estat clau per polir-la. Perquè darrere de qualsevol diamant s'amaga una història d'esforç, constància i dedicació.

Segona part

No et conformis mai

6

Pas a pas

El 17 de gener del 1999 vaig aconseguir un dels meus somnis: vaig debutar vestint la samarreta del FC Barcelona de bàsquet. Aleshores va començar el desafiament autèntic. El partit es va retransmetre en directe, des de Càceres, en una cadena estatal. Ho recordaré sempre. Aquell dia vaig fer el meu primer pas en el primer equip del Barça. Només van ser vint-i-nou segons. Vint-i-nou segons en els quals vaig tocar la pilota una vegada, per treure de fons després de l'última cistella de l'equip local.

En les imatges del partit se'm veu amb una cara de passerell indiscutible. Són vint-i-nou segons de taquicàrdia i acceleració. D'entusiasme i de nervis; els mateixos nervis que vaig sentir a Memphis, quan hi vaig arribar i havia d'esquivar contrincants implacables, que, en veure un jugador tan prim com jo, em volien passar per damunt. Tots sabeu com s'anomenen aquests instants del bàsquet: són els «minuts escombraria», en els quals es fogueja els principiants. Però aquests segons a Càceres serien el principi d'una cursa de fons plena de desafiaments i d'obstacles que mai no hauria superat sense l'ajuda dels meus pares, els meus germans, els companys que he tingut, tots els entrenadors, els fisioterapeutes i els preparadors físics. Tots ells són els artífexs que hi ha darrere d'un èxit del qual l'últim responsable sempre era jo.

Aleshores encara ignorava què faria a la vida. El bàsquet em feia avançar cap a on jo volia, però el meu físic era massa feble i l'exigència era cada vegada més gran. La medicina em seguia apassionant, sobretot per la influència dels meus pares. Com us he explicat, un dels meus somnis era ser metge. En concret, recordo el dia del 1991 en què Magic Johnson va fer públic que era seropositiu. Un dels meus ídols, tal com ho vaig entendre en aquell moment, moriria al cap de poc per haver contret el virus de la sida. Tenia onze anys i aquella notícia em va afectar profundament. Quan vaig decidir estudiar Medicina, els meus pares es van sentir commoguts i orgullosos. La meva mare tenia molt clar que la carrera d'un esportista era massa curta per apostar-ho tot a aquella carta. Així que, després d'aquell debut amb el Barça, vaig saber que si continuava treballant com havia fet fins llavors els objectius es complirien.

I els objectius, com tot a la vida, han de ser ambiciosos i exigents. Als Estats Units es diu molt que si apuntes als estels, arribaràs a la Lluna; potser no arribaràs als estels, però t'hi acostaràs. Per això cal ser ambiciós i exigent amb un mateix, però també amb els altres, tot i que cal anar pas a pas. Si estàs en un equip menor, no pots marcar-te com a objectiu jugar a l'NBA. Els objectius han de ser progressius. Per exemple, quan era júnior del Barça, volia arribar al primer equip, però abans vaig haver de passar per la lliga EBA, pel Barça B. Ja en el primer equip, vaig haver de treballar per convertir-me en un dels jugadors importants abans d'anar a l'NBA, i després, un cop allà, vaig haver de guanyar-me el respecte i la confiança del meu entrenador i els meus companys i lluitar per convertir-me en el Rookie de l'Any. L'objectiu següent va ser portar l'equip als *playoffs*, i després arribar a ser All-Star... Vaig haver de superar una sèrie de reptes necessaris per arribar a jugar i triomfar a l'NBA. Als quinze anys no pots marcar-te com a objectiu competir a la millor lliga del món; has d'anar pas a pas. A més, en aquell moment només hi havia un jugador espanyol que havia aconseguit trepitjar els parquets nord-americans: Fernando Martín, la nostra primera gran llegenda, el primer que va tenir l'oportunitat de fer el salt i s'hi va atrevir. El que va obrir la porta perquè els que vam venir darrere hi poguéssim entrar. Si no se n'hagués anat tan d'hora, hauríem gaudit amb ell tant com vam gaudir amb el seu germà Antonio.

Per a mi va ser un somni fet realitat, jugar aquells vint-i-nou segons a Càceres. Era un pas més dins de la meva progressió. I tots aquests passos són els que acaben marcant la teva carrera. A poc a poc, sense pressa però sense parar.

D'altra banda, el meu físic també es va desenvolupar de mica en mica. Als catorze anys feia un metre vuitanta-nou. I no vull dir que no creixés de pressa, sinó que no vaig deixar de fer-ho fins als vint anys. Va ser un desenvolupament inusual. La meva complexió física sempre ha estat prima —a classe em deien «Fido Dido»— i mentre la meva estatura augmentava no vaig poder desenvolupar-me muscularment. L'any del meu debut pesava noranta-vuit quilos; sabia que m'apropava als cent, i que, si continuava esforçant-me amb disciplina, seguiria millorant.

Sempre vaig tenir clar que la història corria al meu favor, però hi havia qui ho dubtava. O més aviat els que sabien que si no treballava al màxim, si no m'enfortia i aconseguia guanyar musculatura, tot plegat no serviria de res.

Recordo molt bé, per exemple, l'època en què encara no havia debutat en el primer equip del Barça. Tenia disset anys i jugava amb els júniors, amb Juan Montes i Quim Costa d'entrenadors. Al final d'aquell any, Juan Montes em va proposar d'anar a entrenar-me per primera vegada amb el primer equip del Barça. El Juan Carlos ja hi anava de tant en tant. En aquella època jo estava convençut que era molt bo. Vaig entrenar-me amb el primer equip i quan vam acabar Juan Montes ens va esbroncar a mi i el Juan Carlos perquè no paràvem de queixar-nos que ens feien faltes. Ens va dir que amb aquella actitud no aniríem enlloc. Hi ha entrenadors que et posen al teu lloc. Després d'aquella lliçó d'humilitat vam treballar molt dur perquè, quan tinguéssim una altra oportunitat, ser capaços d'afrontar-la amb una altra actitud.

7

Objectius i expectatives

Cal distingir entre l'objectiu i l'expectativa. L'objectiu és el possible, i l'expectativa, el desig. Sempre em marco objectius a curt termini per poder arribar a la meta que m'he proposat i no deixar de créixer. I també és important ser específic. L'objectiu és el camí. Suposo que no deu ser la primera vegada que llegiu o sentiu aquesta frase... El meu amic i excompany dels Lakers Kobe Bryant la va utilitzar en el seu discurs en la cerimònia de retirada dels seus dos números a l'Staples Center... «*It's about the journey*», va dir. Segons Kobe, el que importa és tot el camí que fas a la vida. No es tracta d'una sola temporada, has de gaudir de tot el camí, amb els moments bons i els dolents. La manera de gestionar aquests moments és el que t'acabarà definint. Quan treballis per aconseguir alguna cosa, t'acostaràs a l'objectiu. Però si només esperes que es compleixin les teves expectatives, correràs el risc de sentir-te frustrat, decebut, i que s'apagui la flama, que has de mantenir viva per no apagar-te tu. Motius per deixar-ho córrer n'hi ha a dojo i a tot arreu, especialment quan comences, quan tot està per demostrar.

La temporada de 1998-1999 vaig debutar al gener amb el primer equip i amb prou feines vaig tornar a jugar en altres dues ocasions. Els altres partits o no hi vaig ser convocat o els vaig veure des de la banqueta. Quan ets el més jove et sobren les expectatives. N'hi ha prou amb tenir clars els teus objectius, els teus reptes i deixar que la il·lusió, aquesta flamarada primerenca, cremi lliurement. Aquesta flama és la passió que fa que cada dia, abans d'anar a dormir, desitgis que arribi l'endemà al matí per tornar a treballar i tenir l'oportunitat de continuar millorant, de seguir creixent, d'apropar-te als teus somnis, entenent que calen l'esforç i la disciplina per arribar a les teves fites. I el bàsquet ha estat sempre la meva passió i, per tant, malgrat la meva dilatada carrera, segueixo amb la motivació intacta, ja que sempre pots buscar nous reptes per marcar-te. Cada persona ha de trobar la seva passió i tenir l'oportunitat de viure-la.

Per a mi, amb divuit anys, el fet d'estar assegut al Palau Blaugrana envoltat d'un equip com aquell, amb l'alè de la gent al clatell, va ser una experiència al·lucinant que encara feia augmentar més la meva flama interior. I això que ni tan sols vaig jugar. Però aquest era el meu desafiament: continuar creixent. Aprendre. Gaudir de la meva passió. Al final, la vida de qualsevol persona és un repte constant. Els reptes són el que mou el nostre dia a dia, i la superació d'aquests reptes no suposa el final, sinó que porta a plantejar-se nous reptes més ambiciosos, o simplement diferents. Els reptes han de servir per motivar-te i orientar els teus esforços. En aquest sentit, us recomano un llibre que em va regalar el meu entrenador actual: *Remando como un solo hombre*, de Daniel James Brown. És una història commovedora i plena de lliçons que ens mostra com un grup de nois, a força de dedicació, humilitat, lideratge i una compenetració impressionant entre ells, van aconseguir fer història, contra tot pronòstic, als Jocs Olímpics de Berlín el 1936.

Els començaments solen ser així per a la majoria dels jugadors: després de cada èxit, de cada petit pas, hi ha un retorn a la realitat. I en aquest moment és quan cal demostrar tranquil·litat i determinació. Si un objectiu està ben marcat, el continuaràs veient igual de clar després d'haver jugat els teus primers minuts a l'Eurolliga o d'haver-te passat deu partits sense ser convocat. El que cal és saber aprofitar al màxim totes les oportunitats que t'ofereixen, assaborir la glòria de tots els «minuts escombraria», encara que només siguin pocs segons i tan sols tinguis temps que et facin un tap. En aquella primera temporada al Barça no vaig jugar gaire més, però m'entrenava cada dia amb jugadors que feia molt poc havien estat els meus ídols i estava a les ordres d'un dels entrenadors més reconeguts del bàsquet espanyol: Aíto García Reneses. Tot allò imposava, i òbviament jo era un aprenent enmig d'aquell equip.

Per sort, no vaig viure aquella experiència sol. En el Barça vaig estar acompanyat per una altra gran persona, un dels millors jugadors que ha tingut la història del bàsquet espanyol: Juan Carlos Navarro, a qui, amistosament, anomenem «Juanqui». El Juan Carlos ja s'entrenava en el primer equip abans que jo. Ell i Raúl López eren els líders indiscutibles d'aquella selecció que estava a punt de convertir-se en la dels Júniors d'Or, la primera selecció júnior del bàsquet espanyol que va aconseguir penjar-se la medalla d'or en un Mundial, la qual cosa vam aconseguir a Lisboa aquell mateix any. Vam vèncer els Estats Units (94-87) en un partit apoteòsic en el qual Juanqui i Raúl López van ser els grans protagonistes. Un altre triomf somiat, desitjat i acomplert.

Després d'aquella final i de la nostra primera temporada entrenant-nos i sent convocats amb el primer equip, el

Juan Carlos i jo teníem un objectiu molt clar: volíem consolidar-nos. Quan vam tornar del Mundial, vam complir la nostra promesa que si guanyàvem ens tenyiríem els cabells de ros. I així, amb els cabells descolorits, vam signar el nostre primer contracte professional. Aquell dia, el dia que el firmes, la naturalesa dels teus objectius assumeix una altra dimensió. El Juanqui i jo ens portem tres setmanes i vam créixer a la mateixa comarca, el Baix Llobregat. Gairebé l'única cosa que ens separava eren 24 centímetres d'alçada. Ell estava més format que jo, però tots dos compartíem unes ganes boges de demostrar que podíem jugar amb els millors. Així que vaig començar a centrar-me més en el gimnàs per aconseguir un objectiu que em permetria competir a la pista: enfortir-me de veritat. I en la millora del meu físic va haver-hi una persona que mereix un capítol a part en la història de la meva vida: Pepe Casal, «Pepiño», un preparador físic gallec que va ser un dels homes més determinants en la meva transformació.

Aíto García Reneses va tenir clar que el Juanqui i jo necessitàvem musculatura per competir millor, i el Pepiño sabia que per guanyar musculatura calia que dediquéssim hores a entrenar-se al gimnàs. Una frase seva que mai oblidaré i que solia dir-me quan només em venia de gust fer exercicis del tronc superior era: «Vinga, també s'han de treballar les cames! Que al bàsquet no se salta amb les orelles». Somric cada vegada que la recordo, encara que només la senti dins del cap.

Aleshores el gimnàs no m'agradava. Això d'aixecar pesos i rebentar-me en aquella sala, moltes vegades solitària i silenciosa, no em satisfeia. Pensava que allò era per als que no tenien talent. Tanmateix, el Pepiño em va fer adonar que era una part fonamental que havia de fer per avançar com a jugador de bàsquet i amb el temps li he donat el valor que es mereix. Sempre és important ser conscient dels sacrificis que hauràs de fer per aconseguir els teus objectius. Val la pena? La clau és tenir il·lusió pel que fas, entendre que hi haurà una fase de patiment però que més endavant en recolliràs els fruits. Per a mi, començar a treballar amb el Pepiño i fer una cosa que no m'agradava pel bé dels meus objectius va ser un dels pilars de la meva formació. I de la meva fortalesa. Em va descobrir músculs que no sabia que tenia, i sempre amb un objectiu claríssim: aconseguir els cent quilos.

8

El motor dels reptes

En la vida d'un esportista d'elit, com en la vida de qualsevol persona, hi ha poques coses que succeeixin per casualitat. I conèixer el Pepiño no va ser cap casualitat.

A la temporada 1999-2000 la meva vida va fer un gir definitiu. Després de conquistar el Mundial Júnior de bàsquet de Lisboa el 1999, tots els membres d'aquella plantilla, els Júniors d'Or del bàsquet espanyol, com ens van batejar, vam passar a ser considerats «esportistes d'elit» pel Consell Superior d'Esports. Hi havia unes quantes places reservades a cada carrera perquè poguéssim estudiar la que volguéssim. L'únic requisit era aprovar la selectivitat. Aquesta era la nostra nota de tall. La vaig aprovar pels pèls, però la vaig aprovar. I em vaig matricular a Medicina, coincidint gairebé amb la signatura del meu contracte amb el Barça.

Durant aquella primera temporada al Barça no vaig tenir cap dia lliure però al mateix temps em sentia molt afortunat de jugar en el primer equip. De fet, des que vaig conèixer el Pepiño el meu concepte de les vacances va canviar radicalment. Després d'anar-me'n a l'NBA, vam continuar treballant junts cada estiu fins als Jocs Olímpics de Pequín del 2008. El Pepiño em va descobrir una faceta que jo desconeixia. Sabia molt bé com picar-me, com motivar-me. Un tarannà lluitador que després continuarien polint molts altres entrenadors i que Phil Jackson aconseguiria convertir en un guerrer encara més atent, més focalitzat. El Pepiño va forjar el meu sentit de l'abnegació i de l'entrega. I tot i que m'hi vaig deixar la pell, la dedicació va tenir la seva recompensa a mesura que avançava la temporada i sobretot quan van arribar els moments crucials com la Copa del Rei, els partits de l'Eurolliga o els *playoffs* de la lliga ACB. Era com si de sobte totes les hores de gimnàs comencessin a donar els seus fruits. De cop era tan capaç de defensar Alberto Herreros, un dels millors alers del bàsquet espanyol, passant bloquejos i perseguint-lo per tota la pista, com de plantar-me al pal baix i esmaixar la cistella davant d'Éric Struelens. El Pepiño va convèncer els meus pares i a mi que la clau per aconseguir els meus objectius passava pel sacrifici. I per la transformació física. Cent quilos. El Pepiño va aconseguir, entre altres coses, que practiqués a la nit els exercicis físics a casa.

Aquella dedicació, però, també va tenir conseqüències negatives. A mesura que es multiplicaven les convocatòries amb el primer equip del Barça i les sessions d'entrenament, vaig començar a faltar a les classes obligatòries i a les pràctiques de Medicina, que són fonamentals, i no podia ni tan sols presentar-me als exàmens d'aquestes assignatures. I vaig arribar a la conclusió que no podria compaginar els estudis amb el bàsquet.

A casa, aquesta renúncia es va viure com un petit daltabaix. Tanmateix, si vols arribar a complir els teus somnis, has de marcar-te uns objectius clars i prendre decisions doloroses. No m'agrada fer les coses a mitges, sinó donar el cent per cent en tot el que faig. Per això vaig decidir perseguir el somni de convertir-me en jugador professional de bàsquet.

El treball i la dedicació d'aquell any van ser brutals però els resultats no van trigar a arribar i això va fer que guanyés confiança i seguretat. Va ser un procés molt orgànic, tot i que potser, de cara al públic, hi va haver un partit clau. Va ser l'any 2000, en una eliminatòria de quarts de final de la Copa del Rei contra el Reial Madrid. Jugàvem a Vitòria. El Madrid s'havia escapat al marcador de manera gairebé definitiva. Anàvem vint punts per sota quan l'Aíto em va encarregar aturar el gran Alberto Herreros, que havia convertit la nostra línia de 6,25 en un autèntic colador. Suposo que aquest és un altre gran exemple de com les reinvencions són determinants en la vida d'un jugador de bàsquet. Vaig començar a jugar-hi a Sant Boi als set anys, a l'escola Llor, i als tretze vaig fitxar pel CB Cornellà, on vaig coincidir amb el primer entrenador que va confiar plenament en les meves possibilitats, Juanjo Campos. Ell es va obstinar que treballés moltíssim el domini de la pilota, especialment en les transicions i els contraatacs. El Juanjo volia que botés la pilota amb les dues mans i que repartís joc. Fins i tot va haver-hi algun partit, quan el nostre base titular no podia jugar, en què em va donar l'oportunitat de jugar de base. De base, justament! Era el nano més alt de l'equip, per aquest motiu encara era més xocant que m'assignés la tasca de pujar la pilota.

Si vols créixer com a jugador, però hi ha poques coses tan instructives i recomanables com intentar jugar en totes les posicions. Quan ets jove, no n'ets conscient. Mai no vaig pensar que els ensenyaments del Juanjo em servirien per adquirir la visió de joc que tinc ara, ni que m'ajudarien a convertir-me en un dels pivots amb més assistències de la història de la lliga al costat de Tim Duncan, Kareem Abdul-Jabbar i Kevin Garnett. De la mateixa manera, defensar un aler com Alberto Herreros, amb els dos metres catorze que feia llavors, va ser una altra petita gesta que em va servir perquè la gent comencés a parlar de les meves aptituds. Aquell dia, a Vitòria, vam acabar guanyant. Però no només això. Em vaig reivindicar i vaig deixar enrere tots els dubtes que havia despertat durant la meva formació. Aquell dia vaig tenir clar que els reptes serien el meu motor. I el que és més important: que allò tot just acabava de començar i que, de fet, no significava res en si mateix. Després de cada petita gesta, de cada pas, cal saber quin serà el pròxim objectiu. Aquell dia, a Vitòria, tutejant-me amb alguns dels millors jugadors d'Europa, l'NBA va deixar de ser una fantasia i es va convertir en una possibilitat. La bàscula marcava ja noranta-vuit quilos. El meu cos cada dia estava més format.

L'Aíto va dir que el meu creixement com a jugador no va ser gradual sinó exponencial, com si hagués passat de zero a cent en dos segons. En molt poc temps, vaig passar de ser una promesa a una realitat. I en gran part això va ser possible perquè tenia clar a on em dirigia. No volia decebre la meva mare, ni desmerèixer el treball del Pepiño. I, sobretot, no volia defraudar-me a mi mateix ni als meus companys. La meva única opció era lliurar-me en cos i ànima, el rumb era clar. Sempre pots aspirar a més, sempre has d'aprendre del que has fet avui, tant si has guanyat com si has perdut. Des de llavors, començo cada temporada amb el mateix objectiu: donar el millor de mi mateix.

L'any següent, la temporada 2000-2001, vam guanyar la Lliga i la Copa del Rei amb el Barça. I la següent ho vaig apostar tot per anar a l'NBA. No va ser fàcil deixar el Barça, i molts van qüestionar també que me n'anés tan aviat, consideraven que era precipitat.

Realment, la meva intenció no era marxar aquella temporada. Volia jugar un altre any amb el meu equip i arribar així a la millor lliga del món amb més preparació. Però el destí va voler que tot aquest procés s'accelerés, i quan el dia abans del *draft* el meu agent americà en aquell moment em va preguntar: «Si surts escollit en els tres primers llocs, et compromets a venir la temporada que ve?», jo, sense dubtar-ho, pensant que era molt improbable que succeís, li vaig dir que sí. I va passar: vaig sortir tercer en el *draft*, una cosa que no m'havia imaginat mai.

A Memphis el meu objectiu era créixer en tots els sentits com a jugador en la lliga més competitiva del planeta. Em podria haver fet enrere. Podria haver intentat convèncer el Memphis que no estava preparat per fer el salt i haver-me quedat a Barcelona com tenia planejat des de bon començament. És possible que haguéssim tingut una gran oportunitat de guanyar l'Eurolliga l'any següent. Però vaig triar l'NBA. Havia donat la meva paraula i això per a mi és sagrat. Vaig apostar per la lliga més competitiva i exigent del món, pel ritme trepidant, pels tres partits per setmana. Va ser un viatge en tots els sentits, i sense el suport de la meva família i l'ajuda del Pepiño, probablement no ho hauria aconseguit.

9

Cada experiència és una oportunitat per créixer

A la vida sempre hi ha oportunitats per créixer. Cada experiència et permet progressar i aspirar a ser millor. Aquesta última etapa a San Antonio està sent també una oportunitat per continuar creixent com a jugador i com a persona, i per adaptar-me a una nova situació amb jugadors diferents, amb un entrenador molt peculiar, i en una franquícia que ha tingut un èxit i una continuïtat excepcionals i és admirada per totes les altres franquícies de la lliga, i molt probablement per les d'altres esports professionals dels Estats Units.

Quan vaig deixar el Barça per anar als Estats Units també va ser una oportunitat per créixer i madurar. Avui, disset temporades després, en les quals sovint he arribat a jugar gairebé cent partits, la il·lusió, el compromís i les ganes de seguir creixent brillen amb la mateixa intensitat que el primer dia. A més, per molt dura que hagi estat la temporada a l'NBA, sempre he intentat assistir a les convocatòries de la selecció nacional, tret que la meva salut m'ho impedís. Des del 1997 fins a l'estiu passat he estat vint-i-dos estius amb la meva altra família. Els tres en què no vaig poder competir vaig estar present en algun moment del campionat donant suport a l'equip des de la graderia. Sense la dedicació, el treball i el sentit de compromís per part dels jugadors, els entrenadors, la resta de l'*staff* i els directius, no hauríem aconseguit cap de les glòries assolides amb la selecció.

Per descomptat, qualsevol pot tenir un mal dia, però l'endemà sempre tenim l'oportunitat de corregir el que no ha sortit bé. I el que compta més: passi el que passi, cada partit és una nova ocasió per créixer i donar el millor de nosaltres mateixos, independentment del que hagi succeït en l'anterior. L'NBA gasta les soles de les sabatilles de tots els jugadors a una velocitat que no es pot comparar a cap altra lliga del món. I si aconsegueixes adaptar-te als menjars i a l'idioma, al paisatge i a la rutina, si el teu compromís aconsegueix alinear-se amb l'exigència de la temporada regular, no deixaràs de millorar.

De vegades, la pressió sembla que es torni insuportable i que el destí se t'escapi de les mans. I en aquests moments només cal invocar la teva capacitat de concentració i utilitzar les tècniques de meditació que ens va ensenyar l'estimat Phil Jackson, i així tornar a aquesta atenció plena a través de la meditació. Per molt que les coses no surtin com voldries, has de continuar treballant per aconseguir-les amb la mateixa constància i humilitat. La meva mare no es va cansar mai de recordar-nos que la vida de l'esportista és molt curta. I de raó, no li'n faltava. No es tracta d'un esprint: és una carrera de fons en la qual has d'administrar bé les teves forces, sospesar les teves virtuts i analitzar cada situació en cada moment per donar la resposta adequada.

Estic convençut que, en aquesta carrera de fons que és la vida de l'esportista, cada trobada és una experiència més. I l'experiència sempre la pots aplicar. De vegades, és un instrument per aixecar els ànims al vestidor, durant el descans. D'altres, és un aprenentatge invisible, gairebé cec, que et permetrà prendre les decisions adequades en el moment oportú. Per això, cada partit suma, i la suma de moltes experiències globals és l'única ruta que condueix a l'èxit. Perquè en cada partit se'ns ofereix una nova possibilitat per demostrar el que valem, per això no hi ha partits fàcils o menys importants. Com deia Michael Jordan: «Jugo cada partit com si fos l'últim». Perquè el futur no està garantit. Hem d'afrontar cada dia com si fos el darrer, donant el millor de nosaltres mateixos en cada moment.

El que m'agrada de la meva professió és que després d'un partit, al cap d'un parell de dies, d'un dia, i de vegades l'endemà, arriba una altra jornada: una altra oportunitat per corregir els errors, un altre moment per aplicar tot el que has après.

«Reinventar-se o morir.» Aquesta és una altra de les frases que no em canso de repetir perquè crec que cal canviar radicalment per continuar creixent. Però les reinvencions no es produeixen per art de màgia, sinó que són el fruit d'estratègies, d'objectius i d'una resposta adequada als desafiaments que sorgeixen cada temporada en tots els equips.

Al llarg de la meva carrera he estudiat detingudament les opcions que tenia al voltant, i després de completar la meva formació al màxim nivell als Memphis Grizzlies, sempre he apostat pels projectes guanyadors, perquè, quan apostes fort per alguna cosa, el teu grau d'exigència ha de ser el més alt. Només aleshores el teu esforç i la teva dedicació seran recompensats. Així és com he anat evolucionant. En cadascun dels equips en els quals he jugat, les situacions han estat diferents i, per això, m'he hagut d'adaptar a les necessitats de cada moment. Fins i tot dins d'un mateix equip, un canvi d'entrenador, la presència de jugadors nous o, simplement, l'evolució de la temporada han comportat canvis en la meva forma de jugar.

En el moment d'escriure aquestes línies, estem en ple hivern del 2018 a San Antonio. Fa un any i mig que soc aquí, i ja us puc avançar que no ha estat gens fàcil. No ho és mai. Però justament aquest és sempre el repte: arribar a un lloc nou, incorporar-te a l'equip, adaptar-te a la seva filosofia, als companys i a l'entrenador. Hi ha decisions que has de meditar amb calma. I ara també amb maduresa, una aliada immillorable.

El 2014 vaig deixar els Lakers i vaig apostar pels Bulls perquè vaig considerar que era un projecte guanyador. Vaig signar per dos anys, i tot i que vaig tancar dues bones campanyes, a mesura que s'aproximava el venciment del meu contracte, i després d'una temporada col·lectiva irregular, vaig tornar a asseure'm a meditar les meves opcions i a considerar una nova destinació que m'oferís el que qualsevol jugador ambiciós desitja: lluitar per l'anell. Va ser llavors quan van començar les meves converses amb Gregg Popovich, l'amo i senyor del San Antonio Spurs, un equip que no només lluita per jugar els *playoffs*, sinó també per intentar guanyar-los. L'objectiu estava clar. I la plantilla era sensacional. La pregunta era: com podria contribuir a millorar-la?

L'adaptació no va ser fàcil. Primer vaig haver de fer un treball d'anàlisi de l'equip, de l'entrenador i els jugadors. Vaig valorar quines necessitats tenia l'equip, tenint en compte que fa molts anys que juguen junts, amb jugadors com Manu Ginóbili, Tony Parker, Danny Green i Patty Mills, i vaig buscar la manera d'incorporar-me en l'engranatge que ja estava en marxa. Llavors és quan has d'adaptar les teves qualitats a l'equip per poder encaixar-hi i donar el millor de tu, fent un sacrifici personal per dur a terme el que et demani el col·lectiu. Popovich fa vint anys que entrena els Spurs i, evidentment, havia de respectar la seva manera de fer i la seva filosofia de treball.

Durant la primera temporada vam treballar molt les transicions i els tirs de camp, especialment els triples. I la veritat és que els meus números van pujar fins al punt d'aconseguir la meva millor temporada des del punt de vista estadístic en llançament de triples. És clar que també em vaig lesionar —em vaig trencar el quart metacarpià de la mà esquerra durant l'escalfament d'un partit contra els Denver Nuggets a casa—. Després del mes i mig que em vaig passar apartat de les pistes, l'entrenador va decidir que el meu rol havia de canviar i, a partir d'aquell moment, començaria a sortir des de la banqueta. Podia estar-hi d'acord o no, però si ell creia que això aniria bé a l'equip, ho havia de respectar.

Com era previsible pel paper que se m'havia assignat, vaig acabar la temporada amb les xifres en minuts i punts més baixes de la meva carrera. Però les xifres només són això: xifres. I més enllà del que hagis aconseguit a títol personal, el que compta és el que aconsegueixis per al col·lectiu. Per això vaig fitxar pels Spurs. Si m'hagués quedat amb aquesta dada, amb la lectura negativa de la meva estadística, potser m'hauria costat més enfrontar-me a la segona temporada. Però, per a mi, la segona temporada no era la possibilitat d'un fracàs sinó la seguretat d'un desafiament. L'experiència i la meva naturalesa m'han ensenyat que per continuar avançant has de prescindir de les lectures negatives. No em marco mai cap límit a les meves habilitats. Paraules com «impossible», «difícil» o «inassolible» no formen part del meu vocabulari. Simplement, no les faig servir.

Al principi d'aquesta temporada 2017-2018 em vaig tornar a asseure amb Gregg Popovich i els meus companys. Abans del primer partit ja teníem un parell de contratemps: Kawhi Leonard i Tony Parker, els nostres dos líders, estaven lesionats. Òbviament, amb ells fora de la pista, havíem d'estar més units que mai, i trobar la manera de compensar un punt feble del qual tots els nostres rivals estaven al corrent. En un moment així, davant l'adversitat, és important identificar què és el que pots aportar al teu equip. Aquesta temporada, el meu nombre d'assistències per minut jugat ha estat el més alt que mai he registrat en tota la meva carrera. Vaig decidir que l'equip necessitava més la meva habilitat per distribuir joc que per anotar punts.

És impossible vaticinar el que passarà al llarg d'una temporada. I per això cal tenir capacitat de reacció. En l'esport professional cal adaptar-se al context en cada moment, i a molta velocitat, especialment quan estàs en un equip guanyador. No només tu, també els teus companys. El que funcionava abans no ha de funcionar per força ara. De manera que per aconseguir que les coses vagin com han d'anar, s'ha de saber llegir el context i les necessitats de cada moment. Si l'any passat feien falta triples, no era el moment de posar-se a treballar els ganxos al pal baix, una de les meves virtuts proverbials. Les assistències no van aparèixer soles per art de màgia el dia que Tony Parker i Kawhi Leonard no van poder jugar. Es tracta de conjurar l'adversitat i trobar la millor manera d'enfrontar-s'hi. I la millor manera és sempre de cara.

El bàsquet de l'NBA està evolucionant per tenir un joc més dinàmic, sense tants temps morts. Aquest procés de reinvenció l'han capitanejat els Warriors. Tenen el paper de pioners en aquest nou estil de joc que tots volen copiar o a què volen ajustar-se: possessions curtes, més triples, joc vertiginós, versatilitat, alers que exerceixen de pivots. I això beneficia els Warriors o equips com Houston. El que ara domina és un joc exterior, de petits, de velocitat, un estil en el qual els més alts no estem tan còmodes. Però aquest nou tipus de joc més ràpid no ha de plantejar-se com un problema. Cal afrontar-lo. Les arts marcials també són molt sàvies encarant situacions així. Si algú t'intenta atacar, el pitjor que pots fer és encongir-te i posar-te tens. Al bàsquet professional succeeix exactament el mateix: si t'encongeixes, seràs una presa fàcil per als teus rivals; et passaran per sobre, et destrossaran. Has de sortir a trobar els teus contrincants de cara. I fer-ho a consciència. La clau és estar concentrat i relaxat, dos estadis que acostumen a traduir-se en confiança i bon fer.

No pots saber què passarà demà, però sí que pots controlar com t'agradaria enfrontar-te al que vingui. Així que respira fondo, mantingues una bona actitud i valora moltíssim tot el que has aconseguit. Però no et conformis. Tant és quants anells hagis guanyat, ni els títols aconseguits, ni els èxits acumulats. El que és important és el que faràs avui. Mai he perdut de vista on era en cada moment. He estat dues vegades campió de l'NBA, he mossegat medalles d'or, he pujat a podis olímpics en tres ocasions i, després de victòries inoblidables, he vist com els meus companys han tallat les xarxes de més cistelles de les que mai hauria arribat a imaginar. Però el que mai he fet ha estat conformar-me. És l'única manera de continuar creixent i d'aconseguir fites que no pensaves que fossin possibles.

Tercera part

Aprendre de l'èxit i del fracàs

10

Un cúmul d'alts i baixos

Una de les derrotes més doloroses de la meva carrera va ser quan vam perdre amb la selecció la final de l'Europeu del 2007 a Madrid. Vam tenir el partit a les mans. Érem els favorits i, a més, jugàvem a casa. Havíem disputat un bon campionat, però en la final contra Rússia ens vam quedar curts. Vaig tenir l'oportunitat d'anotar l'últim tir per guanyar el partit i el vaig fallar. M'ho vaig prendre molt a pit, però em va servir perquè guanyéssim tres dels quatre Campionats d'Europa següents: el 2009 vam guanyar a Polònia, el 2011 a Lituània i el 2015 a França. Les derrotes són moments de creixement. Poden fer-te més fort o poden ensorrar-te, tot depèn d'un mateix. La forma com encares aquests moments de derrota, de dolor, de frustració, et defineix com a persona; és quan es descobreix de què estàs fet, com ets. Són moments inevitables, tots passem per vivències adverses i difícils, però la teva manera d'actuar i com de ràpid et tornes a aixecar determina on pots arribar.

Has d'aprofitar l'adversitat per créixer i alimentar el teu desig d'assolir els objectius. Les derrotes, fins i tot les més doloroses, no s'han d'afrontar com un fracàs sinó com una oportunitat. Són moments clau per créixer en el terreny personal i professional, i per aprendre dels errors. És cert que són moments que ens dolen, però aquest dolor és el que ens ha d'empènyer a aconseguir un desenllaç millor. Un cop digerides les emocions, l'anàlisi de les causes de la derrota i una reflexió pertinent ens permeten millorar i progressar.

L'èxit conviu amb la derrota i cal aprofitar-la per madurar. A l'estiu del 2000, tenia la gran il·lusió d'anar als meus primers Jocs Olímpics amb la Selecció espanyola, a Sydney. A la preselecció ens van convocar a Madrid a uns setze jugadors: dotze afortunats formarien part de la selecció absoluta i la resta disputaria el Campionat d'Europa a Macedònia amb la Sub-20. Llavors, Lolo Sáinz em va dir que no comptava amb mi, que s'emportava Juan Carlos Navarro i Raúl López com a representants de la nostra generació, i que Felipe Reyes i jo aniríem a Ohrid a jugar amb la Sub-20, on finalment vam guanyar el bronze. Quan m'ho va comunicar vaig tenir una decepció molt gran, sobretot per la il·lusió que tenia. Però aleshores vaig aprofitar aquell moment de frustració per treballar perquè l'any següent comptessin amb mi a l'hora d'escollir els dotze seleccionats.

A mesura que vas creixent t'adones que la vida és una mena de muntanya russa: de vegades ets a dalt de tot i d'altres a baix. En aquestes disset temporades a l'elit he tingut la sort de conèixer-ho gairebé tot: títols i finals perdudes, victòries i derrotes sobre la botzina, moments en un estat de forma excepcional i la frustració de les lesions... I dic que he tingut sort perquè també, gràcies a tots els moments dolents —les derrotes, les lesions, la frustració, la incertesa del viure amb diferents rumors de possibles traspassos—, he pogut valorar i assaborir els bons. Les situacions difícils són una motivació per posar-me a treballar fort per deixar-les enrere. I m'han ajudat a madurar i a créixer com a persona i com a professional. Una frase que sempre m'agrada tenir present és: «Controla el que puguis controlar», que vol dir més o menys que no has de perdre temps ni energia a preocupar-te per tot allò que està fora del teu abast.

El millor és intentar mantenir un equilibri que t'ajudi a superar els problemes, a relativitzar-los, i entendre que els mals moments no són tan dolents i que els bons no són tan bons, perquè sempre hi ha un nou repte per afrontar. Hi ha molts exemples de persones que no es rendeixen mai, que deixen una petjada inesborrable a la societat, sigui en l'esport d'elit o en altres disciplines, però tampoc no es conformen amb els èxits aconseguits, encara que siguin molt importants.

El 2015, amb els meus companys de selecció, vam aconseguir el títol de l'Eurobasket, després d'una èpica semifinal contra França, amb la qual tenim un llarg i intens historial de rivalitat. Era la favorita per a aquell torneig i érem al seu país davant de 27.000 persones entregades en un estadi de futbol de Lille transformat en pavelló de bàsquet. I després vaig tornar a l'exigència de l'NBA, on els resultats no van ser com jo esperava. Vaig passar de tocar el cel amb Espanya —tricampions d'Europa i MVP (jugador més valuós)— a tancar una temporada descoratjadora amb els Chicago Bulls, en la qual no vam aconseguim arribar als *playoffs*. Va ser una temporada decebedora per a l'equip encara que vaig tornar a ser All-Star. Tanmateix, el meu rendiment no va ser suficient perquè l'equip tornés a arribar als *playoffs*. El canvi d'entrenador i les lesions de companys importants, entre altres factors que estaven fora del meu control, van influir en el fet que no assolíssim els objectius esperats, encara que no per aquest motiu vaig deixar de donar el millor de mi mateix.

Eren dues situacions molt diferents: jugar un campionat d'internacional amb la teva selecció i reincorporar-te al cap de deu dies a la pretemporada de l'NBA amb el teu equip, amb un canvi d'entrenador i amb una altra filosofia. Vaig haver de canviar de xip ràpidament, cosa que no sempre és fàcil i requereix un esforç mental considerable, per ficar-me en una dinàmica diferent, amb un ambient i un grup de companys nous. En aquestes situacions, has de centrar-te en el teu paper i en el que et demana l'equip. Posar-te a treballar gairebé des de zero, entenent que tens una temporada de set o vuit mesos amb molts partits, i gestionar la fatiga i el cansament, també l'emocional i el mental, des del començament fins al final de la temporada, perquè el cos i el cap aguantin. Si no estàs concentrat, si no tens la disciplina mental necessària, el teu cos tampoc t'acompanyarà i és quan tens més risc de lesionar-te. Perquè us en feu una idea, la temporada anterior havíem perdut una sèrie molt ajustada contra Cleveland en les semifinals de la Conferència jugant a un bon nivell, i tot i així, l'equip va decidir prescindir del contracte de l'entrenador Tom Thibodeau. Durant l'estiu va arribar Fred Hoiberg, un exjugador de la lliga amb molt bona reputació que havia fet un treball excel·lent amb la Universitat Estatal de Iowa però que no havia entrenat mai un equip de l'NBA. Inevitablement, calia un període de transició perquè s'adaptés al seu lloc, i perquè l'equip s'ajustés a una filosofia del tot diferent de la de l'entrenador anterior. I aquest va ser un dels factors que ens va passar factura. Les lesions de Joakim Noah, Derrick Rose, Nikola Mirotić i Jimmy Butler, fins i tot la meva al final de temporada, van fer que el resultat fos el que va ser.

«L'èxit i el fracàs, aquests dos impostors, tracta'ls sempre amb la mateixa indiferència», deia l'escriptor Rudyard Kipling. I ho comparteixo, encara que no crec que la indiferència total sigui bona. També comparteixo l'afirmació de Michael Jordan quan diu: «He fallat més de nou mil tirs en la meva carrera. He perdut gairebé trescents partits. En vint-i-sis ocasions m'han confiat l'últim tir del partit i he fallat. En el transcurs de la meva vida, no he encertat pas un cop i un altre. I justament per això he tingut èxit». Thomas Edison explica que ell no va fracassar mai, només va descobrir deu mil maneres que no van funcionar. I quan alguna cosa no funciona és important esbrinar el perquè. En aquest sentit, les derrotes són una ajuda immillorable. De vegades, una derrota a temps pot ser beneficiosa; fins i tot una successió de derrotes pot resultar necessària per corregir alguna cosa que feies malament.

Les lesions també. Malgrat que és molt dur patir-les, són oportunitats per lluitar i treballar fort. Raúl López és un gran exemple de superació: es va trencar dues vegades el lligament creuat del genoll dret. Per la primera lesió, el 2001, va haver d'estar sis mesos aturat, i la segona vegada es va passar un any en blanc. No obstant això, gràcies a treballar molt dur amb un objectiu molt clar, el Raúl va poder seguir jugant a bàsquet fins als trenta-cinc anys. També Sergio Asenjo, el porter del Vila-real, és un exemple d'esforç. A finals del 2017, va tornar a jugar després d'estar nou mesos aturat a causa del seu quart trencament del lligament creuat anterior, els tres primers al genoll dret i l'últim a l'esquerre. Malgrat la gravetat de les quatre lesions, l'Asenjo mai s'ha donat per vençut i, gràcies al seu afany de superació, ha aconseguit sempre tornar a jugar entre els tres pals i continuar gaudint de l'esport que estima.

Tant en l'esport d'elit com en qualsevol àmbit professional, i també en les diferents facetes de la vida, les persones que més èxit aconsegueixen són, sens dubte, aquelles que interpreten els fracassos com a oportunitats per aprendre i reinventar-se, per aixecar-se i tornar-ho a intentar. Les societats més avançades valoren el treball dur, l'esforç i la capacitat d'innovar després de tenir un fracàs, molt més que la percepció d'infal·libilitat.

11

L'èxit: tocar de peus a terra

L'esport professional tendeix a allunyar de la vida real els que en vivim i en gaudim. És una mena d'univers paral·lel en el qual les circumstàncies són diferents i el dia a dia no té, en general, res a veure amb el que la majoria de la gent considera normal.

Els contractes milionaris, els hotels de luxe, la presència als mitjans de comunicació, la gent que et reconeix pel carrer... Quan has aconseguit fer-te un lloc en un equip important i comences a ser reconegut, s'inicia un altre partit. És el final de l'anonimat, ha nascut el personatge en el qual, si no vigiles, pots acabar convertint-te. Cal que et quedi clar que el personatge no ets tu: només és una imatge que els altres tenen de tu. És llaminer, però no és real. La realitat és el lloc on van créixer els teus somnis, la teva família, les teves arrels.

Tocar de peus a terra és fonamental per sobreviure a l'elit. Per la meva banda, tinc clar que el bàsquet és una etapa de la meva vida i que la meva carrera, un dia o altre, s'acabarà. Simplement tinc un talent que he treballat i al qual m'he lliurat, i tinc la gran sort de guanyar-me la vida fent de jugador professional de bàsquet, un esport que afortunadament gaudeix d'un reconeixement en el terreny públic i social. Però això s'acaba, té una data de caducitat, i he d'aprofitar i gaudir aquesta etapa. Per sort, m'hi he pogut dedicar durant molts més anys dels que m'hauria pogut imaginar quan començava, i per aquesta raó gaudeixo d'aquest temps extra i cuido tots els detalls per perllongar aquest privilegi tant com pugui. Cal tenir el cap ben moblat, i l'educació que reps a casa és important i et dona la base i les eines per gestionar les diferents experiències i situacions amb què et vas trobant.

Tinc la gran sort de fer el que m'agrada, de guanyar-me la vida amb l'esport que m'apassiona. Però soc conscient que l'única cosa que faig és encistellar la pilota dins d'una anella; no soc ni el millor cirurgià del món ni el millor cardiòleg, ni tampoc he guanyat cap premi Nobel.

Per tocar de peus a terra és fonamental conservar les teves aficions, viatjar, aprendre a canalitzar el poder que t'ha conferit la teva popularitat, i no deixar que el personatge canvïï la persona que ets. Ningú no arriba a dalt de tot sense tenir caràcter. I el caràcter es forma gràcies a la constància i un desig d'aprenentatge continu.

No pots deixar que l'èxit, el personatge i la fama et canvïïn com a persona. El gran repte o la gran dificultat dels esportistes és que als divuit o als vint anys passen de tenir una vida humil —fins i tot les famílies— a ingressar grans quantitats de diners, sense cap tipus de preparació ni formació per gestionar-ho. Per això molts esportistes no acaben bé, perquè no són capaços de gestionar aquest canvi vertiginós. Guanyen milions d'euros i quatre anys després de retirar-se la majoria s'adonen que els diners s'han evaporat. Sempre has de tenir present d'on vens i entendre que això no és per sempre, que és una etapa que passa i després tindràs tota una vida per davant. Per això és convenient que l'esportista sàpiga, com més aviat millor, que necessitarà suport professional que l'ajudi a gestionar adequadament aquestes condicions tan excepcionals, per protegir-se i evitar-se un futur ruïnós. I també has d'aprofitar la sort que has tingut d'haver guanyat molts diners i una posició social de reconeixement per fer coses que t'omplin, una de les quals pot ser tornar a la societat part del que t'ha donat. Tinc clar que ningú no regala res, i que les coses costen i cal guanyar-se-les, però si hi ha alguna cosa que em reconforta és ajudar els altres, especialment les persones que més ho necessiten. Us animo a fer-ho!

La popularitat em va donar l'oportunitat d'omplir el buit que m'havia quedat quan vaig haver d'abandonar els estudis de Medicina. Vaig decidir col·laborar amb organitzacions que feien una feina indispensable i lloable. El 2001, durant el meu primer any a Memphis, vaig treballar a centres per als més desfavorits de la ciutat i vaig participar en lectures i programes per reduir la violència a les escoles i els instituts. Va ser aleshores, també, que vaig començar a col·laborar amb l'hospital Saint Jude, pioner en la investigació i el tractament del càncer infantil. Fins i tot el meu pare va treballar d'infermer en aquest centre i la meva mare va fer de voluntària quan van estar a Memphis. És un hospital de referència en oncologia, on les famílies no paguen ni un dòlar pel tractament ni per l'estada. Des del 2008, amb el meu germà Marc som ambaixadors del programa Hoops for St. Jude, en el qual col·laborem des del primer dia. És un hospital on hem passat moltes hores, hem visitat molts pacients i també hem dut a terme una tasca que ens ha omplert a nosaltres i que hem intentat que tingués un impacte positiu en els nens i en les famílies que lluiten per la vida dels seus fills.

Cada any, quan viatjo a Los Ángeles, Chicago i Memphis vaig a visitar els nens en els hospitals pediàtrics amb els quals he col·laborat mentre jugava en aquelles ciutats. I ara també ho faig a San Antonio. I gairebé cada estiu intentem anar també a l'hospital Sant Joan de Déu, a Barcelona. És part de la meva missió, i una manera de reconèixer el treball indispensable que es fa als hospitals infantils. Amb aquestes visites, als nens els dones una alegria i una sorpresa, els omples de bona energia, i això té un efecte molt positiu tant des del punt de vista anímic com emocional. L'impacte que els produeix és increïble, i en els seus pares també. La possibilitat d'arrencar una rialla a un nen que fa setmanes que no somriu és meravellosa. I fins que no ho vius, no t'adones que tens aquest poder. És el poder de les figures de l'esport que tenen una gran projecció pública. Aquest reconeixement et permet participar en projectes que estan per sobre teu. I tens un impacte que va més enllà de la teva persona.

Aquesta és la raó per la qual col·laboro activament amb UNICEF, de la qual soc Ambaixador de Bona Voluntat des del 2003. Amb ells he conegut de primera mà realitats duríssimes d'assimilar a Sud-àfrica, Etiòpia, el Txad, Angola, l'Iraq i el Líban. El meu propòsit és difondre la situació dels infants d'aquests països, als quals els cal la nostra implicació i generositat per millorar les seves condicions. Considero que cal que siguem conscients del que succeeix al nostre món, perquè hi ha moltes regions desateses i ignorades i perquè existeix un creixement desconcertant de les desigualtats. I potser el més important, per humanitat.

De tots els meus viatges conservo una imatge molt poderosa: el somriure. Sembla un tòpic, però és absolutament cert, i així ho he sentit i ho he viscut. L'alegria és més forta que la desesperació. Els nens que he conegut sempre tenien un motiu per ballar, riure o divertir-se. Per simplement ser nens. La seva energia, el seu optimisme i les seves ganes de viure sempre han estat una font d'inspiració per a mi, i encara que no coneguin altres realitats més enllà de la seva vida, m'enorgulleix sentir que puc aportar el meu granet de sorra i ajudar-los a tenir una vida millor.

Cada estiu intento organitzar-me per conèixer de primera mà països que viuen en una pobresa extrema o en una situació d'emergència humanitària en els quals UNICEF està present. El meu primer viatge a Sud-àfrica, el 2005, va ser molt impactant. Vam visitar la maternitat d'un hospital de Durban. Era una sala molt gran. Quan entres en un espai d'aquestes característiques esperes veure mares, nens i familiars vivint un dels esdeveniments més especials de les seves vides. Però allà només hi havia nens i nenes que havien estat contagiats per les seves mares amb el virus de la sida. Elles estaven tristes, en un moment que hauria de ser de màxima felicitat. Eren unes mares desconsolades que per desgràcia no havien tingut accés a una assegurança mèdica ni a les medecines que haurien pogut reduir enormement la possibilitat de transmetre el virus als seus fills. Aquelles criatures estaven predestinades a morir al cap de poc temps. Aquesta vivència em va commocionar.

Una altra cosa que també em va impactar molt en aquest viatge va ser que els nens de les comunitats que vam visitar havien de caminar quilòmetres i quilòmetres per arribar a l'escola perquè no hi havia cap mitjà de transport. Tanmateix, enmig de tanta pobresa, em va sorprendre la generositat de la gent. Quan hi vam arribar, ens van oferir tot el que tenien. Ens van obsequiar amb menjar, encara que això significava que després ells en tindrien menys. El més important per a ells era donar-nos una bona i reconfortant acollida.

Els últims viatges que he fet amb UNICEF han estat als camps de refugiats de l'Iraq i als assentaments del Líban. També han estat experiències dures. Els camps de refugiats estan plens de persones que han hagut de deixar tot el que tenien i abandonar el seu país per salvar la seva vida. La situació en què es troben és molt complicada, perquè el que més desitgen és tornar a la terra natal i recuperar la normalitat. De moment viuen en assentaments provisionals als diferents estats que els han obert les fronteres, somiant tenir una vida millor i sobrevivint gràcies a la solidaritat de la resta del món, que, a través d'organitzacions com ara UNICEF, ACNUR i WFP, els permet mantenir l'esperança de tornar a casa algun dia. Les famílies, sobretot les que tenen nens, són les més vulnerables. Aquestes criatures creixen en condicions molt allunyades del que seria l'ideal per al seu desenvolupament. El conflicte de Síria i el drama dels refugiats són tragèdies terribles. Tant de bo que s'acabin aviat.

Precisament, la col·laboració amb UNICEF i amb els hospitals infantils em va animar a crear el 2013, al costat del meu germà Marc, la Gasol Foundation. Un altre somni acomplert. La fundació té com a objectiu reduir els índexs d'obesitat infantil i millorar els hàbits de salut de la canalla i les seves famílies. A través de la Gasol Foundation, tinc l'oportunitat de continuar treballant amb la infància tant a Espanya com als Estats Units, en aquest cas transmetent coneixements, proporcionant mitjans, fomentant hàbits saludables que ajudin la mainada i les famílies a créixer amb salut, i així prevenir múltiples malalties derivades de la manca d'activitat física, d'una mala alimentació, de la falta de son i de situacions de desequilibri emocional. Són factors que he tingut la sort de tenir al meu abast i que aplico a la meva vida cada dia.

Totes aquestes experiències m'han donat la perspectiva i l'equilibri necessaris per mantenir els peus a terra. I una de les coses que més valoro és l'altaveu que m'ha donat l'esport d'elit per tenir un impacte positiu en la societat, sense ignorar la responsabilitat que això suposa.

12

Afrontar la derrota

Les derrotes són part de l'esport i de la vida en general i, tot i saber-ho, quan succeeixen em resulta difícil acceptar-les. Com qualsevol altre esportista, m'agrada guanyar. Soc molt competitiu, i no m'agrada gens ni mica perdre. Per això sempre faig tot el que puc perquè l'equip guanyi.

Sí, les derrotes m'afecten, però he aconseguit relativitzar-les. Amb el temps he après a portar-les millor. No oblidem que per créixer, cal que les derrotes ens dolguin, i que aquest dolor és el que ens empeny a donar el màxim l'endemà per no tornar a cometre els mateixos errors i per millorar el nostre rendiment i, en conseqüència, el resultat.

Hi ha partits que surten millor i altres que surten pitjor. El fet de perdre no et pot enfonsar. Cal optimitzar la frustració i la decepció de la derrota perquè et doni energia i motivació i així jugar el partit següent amb més força i poder aconseguir la victòria.

És evident que no és el mateix una derrota en un partit de temporada regular, o de pretemporada, que en una final. Hi ha partits i partits, però sempre cal tenir una mentalitat molt competitiva i enfocar les derrotes amb l'objectiu d'aprendre i millorar, de rectificar i créixer, per tenir més possibilitats de guanyar en el partit següent.

Quan experimento una derrota, l'aprofito per reflexionar i analitzar el que ha passat. Les situacions menys favorables em donen l'oportunitat de conèixer-me millor i també d'aprendre quines coses puc canviar per no tornar a caure en el mateix.

Per a mi és decisiu fer una anàlisi constant de la situació en la qual em trobo: ser conscient del que passa al teu equip per poder detectar situacions o circumstàncies que requereixin o no la teva intervenció pot ser la diferència entre l'èxit i el fracàs.

La lectura també m'ajuda en aquest sentit. Les experiències d'altres persones, d'empreses i d'equips esportius m'aporten informació que puc aplicar en el meu dia a dia. D'altra banda, llegir em proporciona una pau que dona equilibri a la meva vida. Llibres com ara *Mindset. La actitud del éxito*, de Carol S. Dweck; *Drive*, de Daniel H. Pink;

Triggers, de Marshall Goldsmith; *Good to Great*, de Jim Collins, i *Equipos ideales* de Patrick Lencioni són algunes de les recomanacions que us faig.

Afrontar la derrota en certs moments clau de la meva carrera també ha suposat una cura d'humilitat. Són moments que t'obliguen a reaccionar. A les teves mans està aixecar-te i treballar dur per millorar o sentir-te afligit i quedar enfonsat.

A part de la derrota, en la carrera d'un esportista hi ha altres moments complicats de gestionar: una lesió, un rumor de traspàs, un canvi d'entrenador, la pressió dels mitjans de comunicació, situacions personals de les que afecten a tothom (els esportistes també). Són entrebancs que et trobes al camí que formen part de la professió i que has d'afrontar quan tens una posició de responsabilitat. La clau rau a posar-ho tot en perspectiva, perquè són moments passatgers. Cal valorar el que realment és important a les nostres vides i analitzar la situació per extreure'n ensenyaments. I trobar el costat positiu en cada moment.

13

El repte de mantenir-se

Com us deia al principi del llibre, el que és difícil no és pas arribar, sinó mantenir-se, i són ben pocs els que s'han mantingut al lloc més alt de la seva professió al llarg de la història. La mentalitat que hem d'adoptar no és conformar-nos perquè ja hem arribat a un punt determinat, sinó aspirar a tenir una trajectòria com més llarga millor i sentir-nos orgullosos de la nostra aportació. I en aquest punt entra en joc el caràcter: compromís, ambició i determinació per aconseguir una trajectòria plena. Així, pots arribar al teu màxim potencial. És una manera d'aprofitar les oportunitats a les quals tenim accés.

Una de les claus per mantenir-se a dalt de tot és conservar la motivació, que és el motor principal per assolir l'èxit. A mi m'ajuda mantenir-la el meu esperit competitiu. Sempre intento ser excepcional amb el que faig, buscar l'excel·lència en el meu camp. No m'agrada fer les coses a mitges, sinó fer-ho sempre tan bé com sigui possible. Soc ambiciós i no em conformo. Sempre tinc un altre repte per aconseguir.

De vegades, aquesta actitud és una arma de doble tall, perquè al final fa l'efecte que mai no estàs content amb el que has aconseguit, que sempre en vols més i mai no en tens prou. Saber dir prou en algun moment també és important. Això és el que els passa als genis, als números u, que són tan perfeccionistes i arriben a un nivell d'obsessió i dedicació tan gran que pot arribar a ser malaltís. Però si vols aconseguir una cosa que sigui extraordinària i que estigui a l'abast de molt pocs, caldrà que t'hi dediquis en cos i ànima. Tot el que val la pena i té un valor especial costa i requereix un esforç. Això ho heu de tenir molt clar.

A més de la motivació, per mantenir-se a dalt de tot també cal una bona preparació física. En el meu cas, tinc la sort de disposar d'un gran equip terapèutic propi amb el qual duem a terme un seguiment continu. Regularment fem anàlisis de sang i de saliva, o proves biomètriques, per veure si tinc alguna zona muscular més carregada o si necessito ajustar la meva suplementació. Aquests controls m'ajuden a rendir al màxim. I Joaquín Juan, el meu preparador físic i fisioterapeuta, és una figura clau. La meva relació amb ell es va iniciar poc abans dels Jocs Olímpics d'Atenes, el 2004, arran d'una fasciïtis plantar. Llavors no tenia un fisioterapeuta de confiança a Espanya i ell em va ajudar a curar-la i superar-la. A partir de la seva experiència en diversos clubs esportius, amb executius de grans empreses i amb alguns dels millors esportistes —com, per exemple, els meus companys Raúl López o Jorge Garbajosa—, ha creat un mètode multidisciplinari de treball enfocat a la prevenció i recuperació de lesions. La prevenció és essencial per minimitzar i intentar limitar a la mínima expressió el nombre de lesions, perquè tots sabem que eliminar-les és impossible. A partir del 2008, el Joaquín va passar a encarregar-se també de la meva preparació física, gràcies a l'equip d'especialistes en medicina esportiva, sobretot traumatòlegs, que l'envolta i que m'ajuden a tractar alguns problemes específics i a suportar, de la millor manera possible, el dia a dia de la lliga més exigent del món.

A l'estiu s'encarrega de la meva preparació física i durant la temporada em ve a veure cada mes i mig als Estats Units durant uns dies. Al llarg de l'any coordina qualsevol necessitat mèdica que pugui tenir. Sempre li demano l'opinió de les proves que em faig als Estats Units o qualsevol molèstia o lesió. Fa un treball transversal i cuida tots els detalls. A la posttemporada treballem, depenent de les meves necessitats, exercicis específics per a les articulacions que han patit més durant la temporada i al llarg de la meva carrera. Per aquest motiu fem bicicleta i natació, perquè són esports que aporten treball aeròbic de poca cardio i permeten protegir les articulacions, i això és molt important quan fa tants anys que practiques aquest esport.

El Joaquín treballa molt amb les mans i té un talent especial per detectar les lesions. El 2011, en un partit del grup inicial, vaig tenir un esquinç al turmell bastant important i gràcies a la feina del Joaquín vaig poder jugar i ajudar l'equip a guanyar el nostre segon campionat d'Europa. A l'Europeu del 2015 vaig notar una punxada al bessó en l'escalfament del partit de vuitens de final contra Polònia; gairebé no podia caminar i vaig anar coix fins al vestidor. Una vegada més les mans del Joaquín em van ajudar a relaxar el bessó, escalfar-lo bé i així vaig poder continuar jugant amb certa normalitat. Durant la resta del campionat vam tractar aquesta lesió i, finalment, vam guanyar l'Europeu. Va ser una de les victòries més boniques de la meva carrera.

Molts equips tenen fisioterapeuta, però, per a mi, tenir una figura com en Joaquín, un fisioterapeuta que conegui el meu cos millor que ningú, pot ser la diferència entre guanyar un campionat o no.

En paral·lel a la preparació física, cal entrenar-se mentalment. Per això és important trobar moments de relaxació i practicar tècniques com la meditació *mindfulness*. Saber observar els teus sentiments, veure el que tens al davant i ser conscient de quin és el teu estat emocional, t'ajuda a mirar les coses en perspectiva, a saber en quin moment estàs i què és el que et fa falta per aconseguir els teus objectius. Un cop centrat, estaràs preparat per fer-ho tan bé com sigui possible l'endemà.

El *mindfulness* també t'ajuda a millorar la visualització, que consisteix a visualitzar el teu objectiu perquè, després, es faci realitat. «Què he de fer en el pròxim partit perquè no ens torni a passar això i puguem guanyar?», per exemple. És una qüestió de conscienciació. A mi, personalment, m'ha ajudat molt perquè et permet comprendre el repte que tens davant. L'entrenament mental cal treballar-lo dia a dia, i has d'ajustar la teva rutina, la teva càrrega de treball, la teva alimentació, el descans, els detalls que són crítics encara que no ho semblin.

Per mantenir-te també has de ser conscient del moment en què et trobes. Si estàs molt carregat has de fer activitats que t'ajudin a desconnectar i oxigenar-te. A mi, per exemple, em va molt bé estar en contacte amb la naturalesa o assistir a una actuació musical. Són moments que m'ajuden a desconnectar i a oxigenar-me. Durant la temporada acostumo a visitar parcs naturals on pugui estar tranquil; m'agrada caminar una estona i impregnar-me de la bellesa i de la pau que només la naturalesa et pot aportar. I si estic llegint un llibre a l'aire lliure, aixeco la vista de tant en tant i respiro profundament mentre admiro el paisatge.

La música també m'ajuda a desconnectar. Intento anar a concerts en els quals pugui estar assegut sense molestar el del darrere, cosa que no sempre és fàcil, però en general assisteixo a actuacions de gèneres ben diversos: simfonies, òperes i concerts de rock o música més enèrgica. L'últim al qual vaig anar a San Antonio era d'un artista de rhythm & blues anomenat The Weeknd, i malgrat que només coneixia tres de les seves cançons, simplement veient l'energia que desprenien ell i la gent a l'AT&T Center, que a més és on juguem amb els Spurs, vaig passar una estona molt agradable.

L'àmbit de la música també reuneix grans talents amb qui tinc el plaer de tenir-hi una bona relació. Amb Plácido Domingo m'uneix un fort lligam afectuós, a més de ser algú a qui admiro. És un exemple de dedicació i té un talent extraordinari. Amb més de setanta anys, segueix un ritme de vida increïble: ofereix concerts a tot el món i té un calendari molt atapeït. És una persona que ha trobat la seva passió i li encanta exercir-la. Aquesta passió per la música és el seu motor.

També tinc amistat amb altres cantants. A Rosana l'adoro. Encara me'n recordo de quan escoltava el seu primer àlbum, *Lunas rotas*, quan tenia setze anys, i ara intentem veure'ns sempre que podem. O amb Pau Donés, a qui he tingut l'immens plaer de veure en les seves últimes dues gires americanes, coincidint primer a Chicago i després a San Antonio. I també amb els germans David i José Manuel Muñoz, d'Estopa, amb els quals he cantat en directe diversos cops i he compartit molts moments des que ens vam conèixer fa vora quinze anys.

I us podria explicar moltes altres històries, però només pretenia donar una idea del meu vincle amb el món de la música i de la gran sort que he tingut per comptar entre les meves amistats amb artistes meravellosos com Juan Luis Guerra —al qual vaig conèixer fa uns quants anys a Madrid i amb qui vam dinar junts a casa d'Antonio Carmona amb la seva família, en el que va ser un moment molt íntim i preciós—; per David Bisbal sento una admiració i un afecte especials, i amb Enrique Iglesias, a més de ser socis en un grup de restauració en el qual tractem de promocionar la nostra gastronomia més enllà de les nostres fronteres, he pogut viure el procés de composició de les noves cançons. Quin gran privilegi!

Aquests moments de desconnexió són indispensables per mantenir-se a dalt de tot. I com es troba temps per descansar en una lliga en què es juguen entre tres i quatre partits per setmana i es viatja molt? Doncs buscant-lo. De temps, sempre n'hi ha. I encara que estiguis cansat, és important portar a terme aquestes activitats de descompressió, que t'inspiren, et carreguen les piles i t'oxigenen.

De fet, els descansos són tan importants com les sessions de treball i els entrenaments. Durant la temporada has de procurar buscar aquests espais de relaxació, i de vegades costa desconnectar amb tanta activitat, tant de moviment i tanta tensió. Per això mateix, raó de més per trobar-los i gaudir-los. Després de cada temporada, m'agafo un mes sencer de descans, deixo que el cos i el cap se'm recuperin del desgast i m'obligo a no fer cap tipus d'entrenament durant aquells trenta dies.

I llegir, per mi, també és sinònim de descompressió mental. Cada dia llegeixo al matí, normalment després d'esmorzar, i a la nit abans d'anar a dormir. Començo el dia llegint unes pàgines i a la nit també em serveix per descomprimir fins que tanco els ulls. A més del coneixement que extrec de cada llibre, llegir em permet tenir més equilibri dins del ritme de vida que porto, que és d'una gran exigència física, mental i emocional. A través de les lectures faig molta anàlisi, molta reflexió i, de vegades, també meditació, per veure on soc, com em trobo o què necessito.

M'interessen els llibres que teoritzen sobre dinàmiques d'equip, lideratge, èxit o gestió de l'èxit, perquè m'ajuden sobretot a refrescar conceptes i valors. Com solc explicar a les xarxes socials: «Sempre llegint, sempre aprenent. Llegir és poder». Però no només llegeixo llibres relacionats amb el meu àmbit professional. També llegeixo ficció. M'agraden molt les novel·les històriques basades en fets reals, com les de Ken Follett, Noah Gordon o Ildefonso Falcones.

És fonamental trobar espais i activitats de forma regular que ens ajudin a mantenir un cert equilibri en les nostres vides: escoltar música, llegir, meditar, veure una sèrie que ens agradi, fer una passejada per la platja, jugar al golf... Són de tanta importància com donar-ho tot mentre treballes i, per descomptat, també passar temps de qualitat amb les persones que estimem.

Quarta part

No naixem líders

14

Què és el lideratge?

«L'última mesura d'un home no és on es troba en moments de comoditat i de conveniència, sinó on es troba en els moments de desafiament i controvèrsia», va dir Martin Luther King. Per mi un líder és una persona que assumeix una responsabilitat i té un paper important o diferencial, amb l'objectiu que el grup funcioni tan bé com sigui possible i aconsegueixi els objectius marcats, deixant enrere el seu ego pel bé de l'equip.

Ara bé, naixem líders o ens hi fem? Existeixen certes aptituds que predisposen un individu al lideratge o bé és una cosa que s'aprèn? Hi ha determinades aptituds que afavoreixen que et converteixis en líder, i la vida va desenvolupant el teu caràcter. Com explica Robin Sharma en el llibre *El líder que no tenía cargo*, qualsevol persona pot ser líder dins del seu àmbit o en la seva vida, dins de la seva família, la seva feina, la seva professió. Per exemple, explica el cas d'un escombriaire i diu que a les seves mans té la capacitat de convertir-se en el millor escombriaire si s'ho proposa perquè totes les persones poden ser líders, sigui quina sigui la seva professió, ja que els humans tenim les mateixes capacitats fonamentals; és una qüestió d'actitud. Una persona pot aspirar a ser el millor dins de les seves circumstàncies i tenir un impacte positiu en els altres. «El lideratge té a veure amb l'excel·lència del teu treball i el teu comportament. Es tracta de fer magníficament la teva feina en el lloc que ocupes i estimular cadascuna de les persones amb qui treballes i a qui atens. No cal tenir un càrrec per ser un líder», explica Sharma.

El més important és identificar aquesta passió que porta a l'excel·lència i fer-la créixer amb dedicació i perseverança, perquè qualsevol persona pot liderar el seu cercle personal o professional i ha de ser conscient de les seves accions.

Un líder no és necessàriament el millor, sinó aquell que té el poder de fer sortir el que tenen de bo els altres. No estem parlant de rendiment ni de números, perquè hi ha jugadors amb grans estadístiques que no es considera que siguin líders. El lideratge consisteix a transmetre i establir confiança entre tots els membres del col·lectiu. És un procés d'influència en el qual una persona pot estimular l'ajuda i el suport d'uns altres per a la realització d'una tasca.

Exigeix utilitzar de manera intel·ligent l'autoritat, però en cap cas pot convertir-se en autoritarisme. En l'esport és fonamental que hi hagi comunicació i comprensió entre els líders de l'equip amb la resta dels jugadors i el cos tècnic. Normalment, l'entrenador estableix una direcció, una identitat, un camí que cal seguir per arribar a un objectiu determinat, i com a jugador segueixes la pauta marcada entenent que sempre hi ha marge per a una certa flexibilitat, per poder ajustar el rumb mentre avances en el viatge de la temporada. En aquest sentit, la capacitat de saber escoltar els companys i els entrenadors és crucial per al creixement i el bon funcionament del grup.

L'estatus de líder el reconeixen els altres, no un mateix. Sempre són els altres els que perceben aquesta qualitat i accepten encomanar-se al bon —o mal— fer d'una persona determinada. I per aconseguir-ho és indispensable guanyar-se el respecte dels altres. Popovich, en la cerimònia de retirada de la samarreta d'un dels jugadors més importants de la història de l'NBA, Tim Duncan, va fer un comentari que em va quedar gravat: «Gràcies per deixar-me entrenar-vos a la meva manera», va dir dirigint-se també a Manu

Ginóbili i a Tony Parker, que van acompanyar Duncan en aquest moment tan especial. El comentari de Popovich és revelador, perquè, per entendre l'èxit dels Spurs, cal saber que aquells jugadors, considerats un dels trios més importants de la història, van seguir el camí marcat de Popovich, van acceptar la seva filosofia des del principi fins a la fi, i això els ha portat a ser una de les franquícies que ha disputat més campionats els últims vint anys.

Saber que ets una influència positiva per als teus companys és molt gratificant. Al partit de semifinals contra França a l'Eurobasket del 2015, en el qual vaig protagonitzar una actuació personal històrica amb quaranta punts i onze rebots, vaig sentir aquesta satisfacció. Però sense l'immens treball dels meus companys, del nostre equip tècnic, del meu fisioterapeuta i amic Joaquín Juan, no hauria estat possible. En aquell partit vam vèncer el nostre etern rival, vam guanyar l'opció de jugar la final i vam obtenir el passi als Jocs Olímpics de Rio de Janeiro. Sens dubte, va suposar una enorme recompensa des del punt de vista personal i emocional. Un dels moments més dolços de la meva carrera.

La contrapartida d'aquesta satisfacció és la possibilitat d'equivocar-te, de cometre errors; la por de fallar o de prendre decisions que comportin que el teu equip no arribi on volia arribar. Per aquest motiu és molt important saber reconèixer que, per molt bons que siguem, no som infal·libles.

El 2008, quan, amb els Lakers, vam perdre a la final contra Boston, al vestidor Kobe Bryant va dir: «Hem perdut, és una derrota dura, però hem d'absorbir aquest dolor. Tinguem presents durant tot l'estiu aquest sentiment i aquesta frustració, i l'any que ve anirem a totes i guanyarem el títol». En aquests moments de derrota, en què ningú vol parlar i tothom està destrossat, és quan el líder de l'equip entén la importància de la seva intervenció.

Així em sento amb la nostra selecció. No només cal ser-hi en els moments de glòria, on tot són copets a l'esquena i elogis; és molt més important ser-hi en els moments difícils i entendre que cal donar la cara. El 2014 vam perdre a casa els quarts de final del Mundial contra França. Estàvem desfets, perquè fins llavors havíem guanyat tots els partits de manera imparable, incloent-hi el partit contra els francesos en la fase de grups. Són moments molt dolorosos en els quals has d'intervenir i deixar clar que un equip de vegades guanya i d'altres no. Aquella derrota no era el que volíem, perquè ho havíem donat tot a la pista. Els vaig dir que havíem de guardar aquell sentiment de dolor i així l'any següent tornaríem més forts i tindríem l'oportunitat de fer-ho bé i guanyar. I així va ser el 2015, quan vam guanyar a l'Eurobasket. Malgrat les absències de jugadors importants vam saber jugar junts, vam patir junts i vam obtenir la victòria en un campionat molt difícil.

La conclusió que treus després de viure situacions com aquestes és que cal assumir errors i crítiques, convertir els mals moments en ocasions que t'omplin d'energia i força per treballar amb més ímpetu i concentració i anar a totes en el proper repte que et marquis.

A les semifinals als Jocs Olímpics de Londres del 2012 contra Rússia vam començar el partit jugant molt tensos. Vam fallar molts tirs i només vam poder anotar trenta punts quan vam arribar al descans. Llavors, aprofitant aquells quinze minuts de respir, vaig intervenir per dir als meus companys que havíem d'oblidar-nos de la tensió amb què estàvem jugant i llançar els tirs amb convicció, amb la confiança que ens caracteritzava. Cal saber canalitzar aquesta pressió per jugar amb determinació i sense tenir por de perdre, sense pensar que fallaràs, encara que inevitablement algun llançament es perdi o es cometi algun error. En aquella ocasió anàvem perdent, però en la segona part vam saber capgirar el partit. Vam acabar amb una victòria que ens va conduir a la final, on vam estar molt a prop de guanyar els Estats Units. La intervenció d'una o de diverses figures clau dins d'un equip acostuma a ser determinant en el resultat aconseguit.

D'altra banda, també n'hi ha que s'autoproclamen líders, però no tenen les qualitats necessàries per ser-ho. El concepte de lideratge s'ha convertit en un mantra absolut i és un reclam en qualsevol programa universitari, en qualsevol formació empresarial. Tanmateix, pot donar peu a malentesos i, de manera inconscient, molts s'autoconvencen que són líders sense tenir en compte la repercussió de les coses que fan i les decisions que prenen. De vegades se'ns oblida que el més important és adquirir consciència de les conseqüències que poden tenir les nostres accions i de l'exigència que suposa el rol de líder.

15

Com ser un bon líder

Convertir-se en un bon líder no és fàcil. En primer lloc, cal recórrer un llarg camí d'aprenentatge continu. És un repte de constància i esforç, valors que he tingut el privilegi de desenvolupar al llarg de la meva carrera i dels quals m'enorgulleixo.

Vaig començar a jugar a bàsquet als set anys. M'agradava l'esport i se'm donava bé. Després es va convertir en la meva passió. Com més temps li dediques, vas adquirint més desimboltura i t'hi sents millor. I vas descobrint que hi tens un potencial. Veus que millores i comences a guanyar confiança i, a poc a poc, somies a convertir-te en un professional. Que important és tenir aquest somni que t'empeny i et motiva, i després, per descomptat, entens que hauràs de treballar molt per aconseguir-ho.

Inevitablement, pel camí trobaràs obstacles i adversitats, a les teves mans tens l'oportunitat de superar-los. Els bons líders són aquells que, davant la dificultat, l'adversitat, la pressió, la derrota i l'error, són capaços de fer un pas endavant i d'afrontar la responsabilitat. En definitiva, tenen afany de superació.

I de vegades han de prendre decisions difícils per garantir el benestar del grup, que sovint impliquen un sacrifici per part seva. Per tant, la capacitat de sacrifici propi és una virtut que cal tenir present. A més de saber inspirar amb l'exemple, una de les qualitats diferenciadores és deixar l'ego a un costat quan cal.

Dels líders també s'espera que sàpiguen identificar i comprendre el valor de tots els membres de l'equip i fer-los millors, reconeixent aquesta habilitat especial que té cadascú i que és d'utilitat per al grup. En un partit de bàsquet pot ser que no tots els jugadors surtin a la pista. De fet, en una plantilla de dotze n'hi ha dos o tres que, normalment, no disputen ni un sol segon.

Com en els altres esports, en el bàsquet hi ha bons jugadors i grans jugadors. I aquests últims són els que saben obtenir el millor dels altres. Un dels més grans és Michael Jordan, un referent per a mi, que m'ha servit d'inspiració al llarg de la vida. Però fins i tot ell, pràcticament imbatible individualment, va entendre que sense la implicació i la contribució dels companys no podria guanyar el campionat. Per això, el paper de Phil Jackson va ser determinant perquè els Bulls guanyessin sis campionats la dècada dels noranta. Jordan era el meu gran ídol de petit. Tenia pòsters seus a l'habitació i somiava que algun dia jugaria a l'NBA. Quina sort vaig tenir, no només d'haver aconseguit realitzar aquest somni, sinó també d'haver pogut jugar contra ell en la seva última etapa com a jugador als Wizards de Washington.

Un líder ha de buscar fonts d'inspiració, ser capaç de motivar-se i tenir com a referència persones a les quals admiri, dins o fora de l'esport, que li donin energia i força. Per exemple, per a mi Rafa Nadal és una font de motivació i d'inspiració, perquè ha aconseguit arribar a ser el número u del tennis mundial, s'ha sobreposat a moments d'adversitat i, avui dia, continua sent un dels millors jugadors del món. Un altre exemple és el meu germà Marc. Durant anys ha treballat amb gran esforç i dedicació, i tot aquest sacrifici s'ha traduït en uns extraordinaris resultats: ha arribat a un altíssim nivell i s'ha convertit en un dels millors pivots del món. Igual que jo vaig prendre la decisió d'anar-me'n a jugar a l'NBA, el Marc, amb divuit anys, va deixar la seva família als Estats Units i va tornar a Barcelona per emprendre el seu propi camí. Ha lluitat per tenir la seva pròpia identitat, amb molta disciplina i metodologia. La seva història també és molt inspiradora per a mi i m'omple d'orgull.

També m'han inspirat altres persones que no estan directament relacionades amb el bàsquet però que han liderat grans moviments que han comportat un canvi. Nelson Mandela n'és una, per la seva convicció i el seu sacrifici individual, per la seva lluita contra l'*apartheid* a Sud-àfrica, per ser capaç d'inspirar el món i canviar la història del seu país.

Gandhi també ha estat per a mi una figura inspiradora. Gràcies al seu sacrifici personal, va canviar la història d'una nació i va servir d'exemple a molts moviments pels drets civils i la llibertat a tot el món.

En un àmbit més proper també hi ha persones que em serveixen d'inspiració. És el cas del cardiòleg Valentí Fuster, amb qui tinc la sort de mantenir una estreta relació. Li tinc un respecte i una admiració enormes, perquè per a mi és un exemple a seguir i em motiva. A més, comptem amb la seva presència dins del patronat de la Gasol Foundation i compartim projectes destinats a millorar la qualitat de vida dels nens i les nenes.

Ara bé, a vegades no és necessari tenir una llarga i consolidada trajectòria per inspirar els altres. Només cal tenir clar què vols i com transmetre-ho. És el cas del joveníssim atleta Ezra Frech, de tretze anys, a qui vaig conèixer a través del programa *Good Morning America*. L'Ezra porta una pròtesi a la cama i té un braç sense desenvolupar arran d'una malaltia genètica. Però aquesta discapacitat no li ha impedit dedicar la seva vida als esports: juga a bàsquet, beisbol, futbol, futbol americà i des de fa uns quants anys, atletisme. Ara s'està preparant per participar en els Special Olympics i ser el millor del món. El seu lema és «*You can dream it, you can hope for it, or you can make it happen*» («Pots somiar-ho, pots esperar-ho o pots fer-ho realitat»). Té una mentalitat de superació exemplar i és una persona que desprèn una inspiració, una vitalitat i una energia increïbles. També és molt competitiu: quan el vaig conèixer, amb vuit anys, ja volia guanyar-me. Fins i tot li agrada guanyar més que a mi!

I, per descomptat, busco inspiració en les meves lectures. He llegit molts llibres que contenen el testimoni de persones i que expliquen com aconseguir l'èxit dins d'una empresa, o què diferencia els números u de la resta, com Steve Jobs, Jim Collins i Robert Greene, entre d'altres. I dels més recents, m'ha interessat molt *Legacy*, de James Kerr, en el qual parla amb profunditat de l'All Blacks, el llegendari equip de rugbi de Nova Zelanda, i revela les pràctiques que han contribuït al seu èxit.

16

Tipus de lideratge

En l'esport, i en la societat en general, trobem dos tipus de líders: els emocionals i els d'acció. Els líders emocionals intervenen anímicament i verbalment en els moments en què el grup ho necessita, li donen un impuls perquè no s'enfonsi o guanyi força i confiança. Normalment, en l'àmbit de l'esport, aquest tipus de lideratge és encarnat per l'entrenador, ja que dirigeix els jugadors i ha de saber gestionar els moments crítics dins d'un partit.

Aquest tipus de líders saben com motivar l'equip i obtenir el millor de cada jugador per assolir l'objectiu marcat. Per fer això és indispensable tenir intel·ligència emocional. El bon líder emocional és capaç d'entendre les persones que l'envolten. Coneix les motivacions del seu equip, detecta les debilitats de cadascú, per minimitzar-les, i les fortaleses, per desenvolupar-les. En aquest sentit, Phil Jackson, als Lakers, encaixava perfectament en aquesta figura. Però en aquest equip també hi havia un jugador que assumia el rol de líder emocional: Derek Fisher. Recordo el sisè partit de la final de la Conferència Oest del 2010, contra els Denver Nuggets. Anàvem tres a dos i estàvem molt cansats. A pocs minuts que conclogués aquell matx decisiu, el Derek ens va dirigir la paraula a tots en un temps mort i ens va dir que havíem de trobar l'energia dins nostre, fer un esforç més i guanyar el partit. Va ser un moment de connexió col·lectiva. Les seves paraules, convidant-nos a *dig deep*, a donar el millor de nosaltres mateixos en l'últim esforç, van tenir efecte: ens van despertar una força i un esperit d'unió que ens van ajudar a guanyar el partit i la final.

A més, els líders emocionals han de controlar les pròpies emocions, canalitzar-les i donar prioritat a l'estat emocional de l'equip, independentment de com se sentin ells. Saben sobreposar-se encara que no els vingui de gust i tenen clar el que l'equip necessita. Una de les coses que destacava Phil Jackson era el valor de l'empatia. És important ser empàtic, per reconèixer el sentiment dels altres i connectar-hi. La sensibilitat i l'empatia són clau en aquest sentit. Als Spurs, el líder emocional és Popovich.

Com que ell omple aquest espai, els jugadors hem de liderar el grup amb les nostres accions i el nostre comportament, i saber quan hem d'intervenir i quan no. Si jugues amb un equip amb l'experiència dels Spurs, has de ser flexible i emmotllar-t'hi.

Al costat oposat hi ha els líders d'acció. En el cas dels Lakers, era Kobe Bryant qui assumia aquest rol. Són jugadors que fan de líders amb el seu rendiment. No són persones que se sentin còmodes verbalitzant les seves emocions, però són capaces de demostrar el seu lideratge mitjançant la seva determinació, el seu esforç, la capacitat de treball i el rendiment. Tenen una sèrie de capacitats que són inspiradores per a tots els seus companys. Kobe liderava el grup amb el seu joc, les seves accions i la seva metodologia de treball. Treballava amb una disciplina i una entrega exemplars, i a la pista exigia el màxim als altres. Hi ha persones que transformen el seu lideratge en acció. És important reconèixer els lideratges que hi ha en un grup per detectar què es necessita per millorar-ne el funcionament.

En els Lakers, dins de la pista, vaig exercir més com un líder d'acció i vaig deixar la part emocional per a dues figures d'una presència enorme: Derek Fisher i Phil Jackson. Fora de la pista, però sí que em vaig diferenciar per gestionar els moments de tensió i d'adversitat de l'equip davant els mitjans de comunicació. Estàvem sotmesos a una gran pressió mediàtica, perquè quan les coses van bé no hi ha cap problema a sortir davant els mitjans i parlar-hi en nom de tot l'equip, però quan les coses no van com un s'espera, és bastant complicat, fins i tot es donen situacions desagradables. Després de les dues temporades en què vam guanyar l'anell de campions, va començar una etapa molt intensa en la qual l'equip no va estar al mateix nivell per un cúmul de circumstàncies, i per a mi va començar un període de continus rumors respecte als traspassos. És complicat gestionar les emocions amb tanta incertesa, però vaig entendre que era part de la meva feina afrontar la realitat respectant sempre el paper dels mitjans, ja que els periodistes també suporten la pressió de les empreses per a les quals treballen.

Al cap d'un temps, el 2015, durant el meu primer any amb els Bulls, vaig rebre el Magic Johnson Award al jugador més atent amb els mitjans. És un premi que atorguen els periodistes que cobreixen l'NBA als jugadors que tenen bon tracte amb els mitjans i el públic.

No només s'és, o es pot ser, líder dins de l'àmbit professional, sinó també en altres àmbits de la vida, per exemple, en un grup d'amics o dins de la família.

En resum, no hi ha una única forma de lideratge. Kobe Bryant i Derek Fisher, Leo Messi i Cristiano Ronaldo, Angela Merkel i Barack Obama... La llista és molt llarga i, al marge de l'opinió que tinguem d'un o l'altre, del que no hi ha dubte és que són líders amb diferents maneres de ser-ho.

17

La responsabilitat del líder

Tothom té la capacitat de liderar un col·lectiu en menor o major grau i el que diferencia un líder d'un altre és l'impacte que aquest té sobre l'entorn. Hi ha persones que no són del tot conscients de les seves accions i de l'efecte que poden tenir en els altres. Per exemple, les decisions d'un polític o un empresari són crítiques perquè afecten en gran mesura la societat. També en el sector sanitari es pot tenir molt d'impacte, per exemple, si la investigació per a la cura d'una malaltia acaba sent un èxit.

Per a mi ser conscient de l'impacte que tinc amb les meves accions i el meu comportament és indispensable, sobretot si afecten les persones que estimo, però també les que em segueixen i m'admiren. Si puc transmetre un missatge o una idea, i gràcies a això canvia la vida d'una persona, em dono per satisfet perquè he aconseguit influenciar encara que només sigui un individu. Per això és important donar exemple amb les teves accions més enllà de l'impacte que puguis tenir amb el teu joc. El lideratge és compromís, dins i fora de la pista.

En el cas dels nens és increïble l'efecte que tenim sobre ells. Com a referents. I em sento molt afortunat. Recordo que quan era petit va venir Steve Trumbo, un nord-americà que jugava al Barça, a l'escola Llor de Sant Boi, on estudiava, i va ser tot un esdeveniment. Veure com Trumbo es parava davant teu i et signava un autògraf és un record que guardaré tota la vida. Després, uns vuit anys més tard, justament vaig tenir Trumbo com a ajudant d'entrenador al Barça. Quan ets petit i, tímidament, t'acostes a un jugador professional per demanar-li un autògraf, s'agraeix que et rebi amb amabilitat i un somriure. Així és com m'agrada comportar-me des que vaig començar a despertar l'admiració del públic, mostrant agraïment i respecte per la gent, sobretot amb els més menuts.

Ser un líder amb una capacitat d'impacte gran et permet dur a terme accions més enllà del teu àmbit d'actuació i poder tenir una gran repercussió. En el meu cas, la meva col·laboració amb UNICEF m'ha permès fer d'altaveu per conscienciar més gent sobre les situacions de pobresa extrema i les emergències humanitàries que afecten milions de nens al món i davant les quals no ens podem quedar de braços plegats. Totes les meves iniciatives solidàries tenen un doble objectiu: el primer és ajudar les persones afectades, però, alhora, donar a conèixer la seva realitat perquè puguin rebre l'ajuda que necessiten.

De fet, hi ha molts esportistes professionals que, aprofitant l'impacte que tenen com a líders, s'involucren en accions solidàries i serveixen d'inspiració per a altres persones. Per exemple, el tenista Andre Agassi va crear una fundació que té com a objectiu oferir als nens una educació de qualitat, basada en conceptes com la responsabilitat, la cohesió, l'esforç i el sentit comú, uns valors que va reivindicar durant tota la seva carrera. Gràcies a l'Andre Agassi Foundation i a la col·laboració de l'inversor immobiliari Bobby Turner, ha creat una xarxa d'escoles reconegudes per les institucions governamentals que ofereixen els programes bàsics d'educació estatal amb uns mètodes més inclusius, complets i pràctics, aportant un valor afegit a l'educació infantil.

També hi ha empresaris que han sabut aprofitar el seu impacte per afavorir els més necessitats. És el cas de Bill Gates amb la seva Fundació Bill i Melinda Gates, que promou campanyes de prevenció de la sida, la tuberculosi, la malària i d'erradicació de la poliomielitis, a països on aquestes malalties causen una gran mortaldat, sobretot entre la població infantil.

En el meu cas, a través de la Gasol Foundation, al costat del meu germà i tot el nostre equip, estem lluitant a Espanya i als Estats Units contra l'obesitat infantil amb un enfocament holístic sustentat en quatre pilars: l'alimentació saludable, l'activitat física, el benestar emocional i el descans.

El lideratge implica una gran responsabilitat que va més enllà de l'individu: ets líder quan les teves accions repercuteixen en major o menor grau en els altres i, per tant, tenen un cert impacte sobre la consecució de resultats col·lectius.

Per a una persona que assumeix una posició de responsabilitat, una de les coses més difícils és reconèixer que s'ha equivocat i no deixar que l'ego interfereixi en la seva propera decisió. En l'esport, des d'un punt de vista professional, es parteix del fet que algunes vegades es guanya i d'altres es perd. Fins i tot els millors equips de la història saben el que significa perdre. L'esport és un gran mestre per aprendre a viure amb la victòria i la derrota.

Un líder ha d'estar present en cada situació, cada dia, i sempre ha de ser conscient del seu paper. S'identifica amb el seu treball diari, sobretot quan les coses no van bé. Els líders excepcionals són aquells capaços de gestionar les situacions més polèmiques, conflictives, difícils, etc. Això és el que els diferencia clarament de la resta. No només hi són en els moments d'èxit, o quan les coses van bé, sinó que saben sobresortir en els moments més baixos. De fet, un bon líder és aquell que en els moments d'èxit assumeix menys protagonisme i, en períodes d'adversitat, en què de debò cal la seva aportació, sap estar present i assumir el seu rol.

Popovich, el meu entrenador actual, utilitza molt aquesta frase: «Guanyem junts i perdem junts». Perquè no guanya un jugador, sinó que guanya l'equip. I quan perdem, també perdem plegats. En els moments de derrota és quan més hi insisteix, perquè de vegades és possible caure en la temptació d'assenyalar algú, o assenyalar-se un mateix. Si ets un jugador exigent, no és estrany que et culpabilitzis: «si hagués fet això», «si no l'hagués fallat», «si hagués agafat aquell rebot»... És molt important tenir aquesta percepció d'equip: guanyem junts i perdem junts.

He tingut la sort d'aprendre de grans entrenadors: Aíto García Reneses, Pepu Hernández, Sergio Scariolo, Hubie Brown, Phil Jackson, Tom Thibodeau, el meu actual entrenador Gregg Popovich, entre els més destacats. Són persones que han liderat equips durant moltíssims anys, i tots tenen una manera de ser amb uns nivells d'exigència màxims. Probablement, el que els ha fet mantenir-se tant de temps en l'elit de la seva professió és la capacitat per gestionar els jugadors i els entrenadors ajudants, i també l'habilitat en el maneig d'ambicions i egos, anteposant els principis i els valors de l'equip als propis, destacant pel seu sentit de l'equanimitat i considerant el bé comú sempre per sobre de l'individual.

Cinquena part

Les claus del lideratge SMART

Com us he explicat més amunt, al llarg de la meva carrera professional he viscut un conjunt de situacions —victòries, derrotes, traspassos, etc.— que m'han permès entendre el lideratge des d'una òptica pròpia. Les claus de la meva forma d'entendre el lideratge les resumeixo en el model SMART, sigla que prové de *Step up*, *Manage success*, *Accept decisions*, *Remain an example*, *Tell your vision*.

Step up, fer un pas endavant, és un concepte que té a veure amb el fet d'estar preparat per pujar l'esglaó següent i la necessitat de superar les adversitats quan el teu equip ho necessita.

Manage success consisteix a saber gestionar l'èxit tocant de peus a terra.

Accept decisions es refereix a prendre decisions i acceptar-ne les conseqüències.

Remain an example incideix en el fet que qualsevol acció d'un líder repercuteix en els altres.

Tell your vision significa tenir i comunicar una visió, compartir-la amb el grup.

Aquestes cinc claus del lideratge ens porten a un objectiu comú: apoderar les persones. Aquesta és la responsabilitat principal del líder a l'hora de transmetre el seu llegat i crear nous líders.

18

Assumir el lideratge
(*Step up*)

El lideratge té molt a veure amb la responsabilitat, la capacitat de prendre la iniciativa i de fer un pas endavant. Com a líder, tens una responsabilitat amb el teu equip, els teus seguidors i la societat en general, i has d'estar preparat per prendre decisions difícils, jugar-te l'últim llançament del partit o trobar el company que estigui sol perquè sigui ell qui llanci la pilota. En definitiva, saber gestionar tant l'encert com l'error en les teves accions.

La por ens allunya sovint d'aquesta posició de lideratge. Por d'algú, por de fallar o perdre una pilota, por sobretot d'equivocar-se. I si perdo la pilota? I si fallo el tir?

La realitat és que les nostres pors ens impedeixen ser millors, ens limiten i eviten que donem la millor versió de nosaltres mateixos. La por influeix en el bon funcionament de les persones. Gregg Popovich sempre diu que s'ha de tenir «la justa quantitat de por i de respecte als contrincants», així s'aconsegueix tenir el grau just de pressió, de tensió i d'adrenalina per jugar. Perquè tampoc no és bo no tenir por de res, o perdre el respecte a les decisions i les situacions. N'has de tenir la quantitat justa perquè no et limiti o et bloquegi a l'hora d'aconseguir els teus objectius. La por no et pot condicionar les decisions i els actes.

Cal perdre la por a l'error. Als Estats Units, el fracàs es tracta com una cosa natural: la gent emprèn, fracassa i torna a intentar-ho. És important aprendre de l'experiència, però no et pots desanimar. En canvi, a Espanya la gent no emprèn per oportunitat sinó per necessitat. No lidera projectes perquè té por del fracàs. I justament els experts de Silicon Valley expliquen que el secret perquè triomfi una *startup* és fer molts experiments per validar hipòtesis (el model *lean startup*), i perdre la por d'equivocar-se i fracassar. A les persones no se les recorda pels cops que han fracassat, sinó per les vegades que han tingut èxit.

Els dubtes també són part de la vida de qualsevol líder. Si no tens dubtes, significa que no t'enfrontes a la presa de decisions. Tenir dubtes és incòmode. De fet, moltes persones eviten aquestes situacions perquè els generen ansietat. Els líders les afronten de cara, s'enfronten al que desconeixen, aprenen sobre la marxa i proven coses noves. Per a mi la clau és comprendre que tenir dubtes és normal, i que cal trobar el valor per afrontar-los i fer un pas endavant.

Per resoldre els dubtes, sempre va bé envoltar-te d'un bon equip, de bons companys, amb qui compartir els pensaments i comptar amb la seva opinió. No només en l'àmbit del bàsquet, sinó també en altres facetes de la vida. Cal tenir la humilitat d'acceptar que no ho sabem tot, no som experts en tot, i que és bo demanar consell, escoltar i preguntar a persones que estan més familiaritzades amb el tema en qüestió. Per exemple, en el món dels entrenadors, no tots tenen el mateix nivell de coneixements en determinades filosofies o estils de joc: hi ha tècnics especialitzats en l'atac, d'altres que se centren més en el joc defensiu, etc. Cada persona de l'*staff* tècnic acostuma a aportar una qualitat exclusiva al grup perquè l'entrenador hi pugui recórrer quan la necessiti. Això demostra la importància d'acceptar que ningú ho sap tot i que has d'envoltar-te de persones amb un gran coneixement específic, perquè t'aportin valor quan ho necessitis.

Clayton M. Christensen, professor de Harvard i autor de *The Innovator's Dilemma* i *The Innovator's Solution*, entre d'altres, explica que un líder ha de tenir la humilitat necessària per aprendre dels altres. En un article publicat a la revista *Forbes*, apunta: «La humilitat no és menysprear-se, sinó creure que podem aprendre coses importants dels altres. Només les persones que tenen una autoestima forta poden ser humils i aprendre dels altres. La baixa autoestima crea arrogància, la qual cosa limita la capacitat de les persones per aprendre».

El bon entrenador, com a líder de l'equip, també sap escoltar. És conscient que la perspectiva del jugador és diferent de la seva, i per això demana als altres la seva opinió i el seu punt de vista. Això és important perquè el grup se senti part de l'estratègia de què participa. En el meu cas, com que, a més de ser un gran estudiós del joc, fa uns quants anys que jugo a això d'encistellar la pilota a l'anella, molts companys m'acostumen a demanar consell sobre l'estratègia dels contrincants a qui ens hem d'enfrontar. És gratificant veure que la teva opinió és valorada.

Assumir el lideratge suposa també tenir un objectiu clar i compartit amb el grup. Un dels principis que desenvolupa Jim Collins al llibre *Good to Great* és el concepte «*first who, then what*», que significa que primer has de crear l'equip, i després, entre tots, establir un objectiu clar i compartit. Normalment, les empreses acostumen a plantejar-ho a la inversa: primer què i després amb qui.

Tanmateix, Collins va analitzar una sèrie d'empreses d'èxit i va veure que primer havien establert el qui i després el què. Donaven prioritat a les persones, a l'equip directiu; és a dir, prioritzaven la configuració de l'equip i, després, marcaven l'estratègia.

19

Gestionar l'èxit
(*Manage success*)

Hi ha moltes definicions que intenten delimitar quines qualitats ha de tenir un bon líder. Moltes parlen del carisma i la capacitat de persuasió com a trets clau per al lideratge. No obstant això, crec que tot es resumeix en un principi bàsic: per ser un bon líder cal tenir un caràcter concret, i això implica disposar d'un sistema de valors en el qual la tolerància, la responsabilitat, la dedicació, la humilitat, l'honestedat i el compromís hi tenen un paper molt important.

A aquestes qualitats personals se'ls uneixen les habilitats socials; és a dir, aquelles que garanteixen l'èxit en la relació amb els altres. Entre aquestes destaquen la capacitat de comunicació i l'escolta activa entre d'altres. Ara bé, sens dubte, si hi ha una habilitat que considero clau és l'empatia, tot i que actualment existeixen múltiples evidències que no està gaire estesa.

L'empatia és la capacitat de posar-se a la pell dels altres, intentar entendre què els passa pel cap, com se senten i per què actuen d'una manera determinada. L'empatia no és ni compassió ni caritat. Encara que la teva posició et col·loqui al capdavant d'un equip, d'una empresa o, en general, de qualsevol grup humà, has de ser capaç d'entendre els que tens al teu voltant per tal de liderar-los amb èxit. Posar-se al seu lloc et permet entendre com pensen i per què actuen com ho fan. D'aquesta manera, pots comprendre quina és la millor forma d'influir-hi.

També cal transmetre autenticitat, emoció i passió. Que la persona que t'escolta se senti atreta pel teu relat gràcies a la il·lusió que projectes i descobreixi un missatge inspirador que l'ajudi en el seu dia a dia. L'autenticitat és important per generar credibilitat: parlar amb confiança, amb coneixement de causa, que es noti que et creus plenament el que dius. No cal tenir grans dots de comunicador, simplement t'has de creure el que expliques i transmetre-ho de manera autèntica i sincera.

Depenent del grup o la persona, l'estratègia de persuasió varia, i saber llegir quina és la més adequada garanteix l'èxit o el fracàs d'un líder. Hi ha persones o equips als quals els mouen els reptes; en canvi, n'hi ha d'altres que prefereixen guiar-se per l'exemple de certes accions que han sortit bé.

Per a mi, Phil Jackson ha estat un dels millors directors d'equip. Com a entrenador, una de les seves qualitats més destacables era la gestió de persones, en aquest cas d'esportistes d'elit, amb les seves diferències culturals, amb les seves maneres de ser, els seus egos, etc. Ell era un geni en aquest sentit. Obtenia el millor de cadascú i alhora aconseguia que els jugadors complissin el seu paper dins de l'equip perquè funcionés de la millor manera possible.

Per exemplificar-ho, Phil Jackson explicava la història dels genets que competeixen a les carreres de cavalls: a cada cavall li cal un estímul diferent perquè doni el millor de si i corri al màxim. Amb alguns cavalls cal fer servir la fusta amb força; amb d'altres has de clavar-li els talons als flancs, i n'hi ha que només amb un cop de les regnes o amb sorolls bucals ja en tenen prou. El que feia Phil Jackson era identificar quin tipus de cavall era cadascun de nosaltres. És a dir, analitzava quina classe de jugador eres, què et motivava, com podia fer-te reaccionar en moments clau per treure de tu el que l'equip necessitava. Aquesta anàlisi, juntament amb el seu enorme coneixement sobre bàsquet, era un requisit bàsic per entrenar i dirigir jugadors d'equips com els Bulls de Chicago de Scottie Pippen i Michael Jordan, primer, i després els Lakers de Shaquille O'Neal i Kobe Bryant. I acabant amb els meus primers anys al mateix equip de Los Ángeles. Phil Jackson va exercir un lideratge basat en la gestió de persones i el treball en equip, i va identificar d'una manera molt cerebral el paper que havia de desenvolupar cadascun dels seus jugadors.

Ara bé no es tracta només d'empatitzar, un líder ha de tenir també la humilitat suficient per aprendre de la gent que té al seu voltant. Aprendre suposa estar constantment obert a la incorporació de noves idees que poden arribar d'àmbits molt diferents. L'estiu del 2016 vaig assistir a un curs a la Universitat de Harvard en el qual s'analitzaven casos d'èxit empresarial relacionats amb negocis d'entreteniment, mitjans de comunicació i esports. Tenia com a professora Anita Elberse, experta en aquests sectors empresarials i autora del llibre *Superventas: Por qué el futuro de la industria del entretenimiento pasa por asumir riesgos e intentar crear productos superventas.* Va ser una experiència molt enriquidora i un estímul per a la meva formació. Vaig aprendre molt i vaig conèixer persones que tenien un desig similar o igual al meu. Les sessions eren inclusives i participatives. El curs, en el qual també han participat Gerard Piqué, Dwyane Wade, Chris Bosh, Andy Roddick, Kaká, Van der

Sari Lindsay Vonn, tenia com a objectiu transmetre una sèrie de missatges i de valors que després podies aplicar als teus projectes. Va ser un curs inspirador. Quan tens ganes d'aprendre, els resultats acaben arribant. Si ets una persona conformista, que valora en excés la comoditat, et quedes on ets i no evoluciones.

Com més ric és l'entorn relacional i social en què et mous, més gran serà l'accés a coneixements d'àmbits diferents. Això et permet tenir un impacte real més enllà del teu propi camp. La vida és un viatge d'aprenentatge continu, no dic res de nou amb això. Ara bé, penseu quines empreses són les millors? Doncs les que no cessen en la seva obstinació per innovar, les que no es conformen amb un producte, per molt bo que sigui, sinó que ja estan pensant en el següent. Les que converteixen la innovació en el seu dia a dia, en part del seu ADN. Les persones creixen aprenent. Les empreses creixen innovant. Un exemple és Amazon: va començar venent llibres i ara fins i tot produeix pel·lícules, i el seu fundador, Jeff Bezos, s'ha convertit en la persona més rica del món.

Quan un líder decideix que ja ho sap tot, que ja ha arribat fins on podia arribar, hi ha cert risc que caigui en el que es coneix com la «solitud del líder», és a dir, pensar que és el millor i que ja no ha d'aprendre res més. Però és justament el contrari: per continuar sent el millor, cal seguir connectat amb la societat, amb la gent, amb tot el que ens envolta. Deixar-se anar és el que és fàcil, viure allunyat de tot, per autodefensa fins i tot, per cansament, per inèrcia. Mentre mantinguem la il·lusió de seguir creixent continuarem avançant pel bon camí.

20

Prendre decisions i acceptar-ne les conseqüències
(*Accept decisions*)

La presa de decisions és probablement un dels processos més difícils als quals ens enfrontem com a éssers humans. Prendre decisions implica fer canvis a la nostra vida, variar la nostra rutina, allò que ens ajuda a sentir-nos còmodes. Alhora, suposa una renúncia: l'elecció d'una opció a favor d'una altra de la qual, a priori, no tenim cap certesa.

Moltes vegades l'error és pensar que hi ha decisions bones o dolentes, encertades o incorrectes. Quan prenem decisions ens enfrontem a situacions que moltes vegades no tenen una solució única o correcta. Simplement, optar per una opció o una altra comportarà resultats diferents, sense que això impliqui que la nostra elecció hagi estat errònia.

L'enfocament d'aquestes situacions determina en bona

mesura el resultat final. De vegades, aquesta incertesa ens fan afrontar els processos de decisió com si fossin amenaces, i fins i tot poden fer-nos dubtar de les nostres pròpies habilitats per superar-les.

Afrontar aquest procés com una oportunitat de creixement comporta grans avantatges. Suposa enfocar el canvi com un repte, tenir confiança en les capacitats pròpies i estar disposat a sacrificar-te i esforçar-te per aconseguir el teu objectiu. Per tant, mantenir una actitud positiva en aquests contextos és clau.

L'entorn també condiciona la presa de decisions: un entorn favorable a una alternativa o una altra pot decantar la balança cap a un costat concret. Per exemple, quan vaig decidir anar-me'n a l'NBA, hi havia gent que creia que m'equivocava i que em precipitava escollint aquesta opció. De vegades hi ha canvis de direcció inesperats, però cal afrontar-los al més aviat possible i anar a totes. En aquest cas, totes aquelles persones que deien que no estava preparat i que l'any següent tornaria després de fracassar em van donar encara més motivació per fer-ho millor. Vaig treballar i vaig donar tot el que vaig poder per triomfar. Sempre he utilitzat la negativitat, els dubtes i la crítica externa com a elements motivadors, com a gasolina per fer front a determinades situacions. Vaig canalitzar la negativitat que va sorgir en aquell moment i vaig demostrar que s'equivocaven. No sempre les teves decisions seran aplaudides pel teu entorn, però has d'estar convençut dels motius que t'hi porten i confiar en la teva determinació.

Has d'aprofitar els reptes i les oportunitats que et dona la vida i que no sempre apareixen quan ho tenies previst. Això es pot extrapolar a moltes situacions: una promoció dins d'una empresa, una situació familiar complicada, un diagnòstic d'una malaltia greu... Com afronto aquesta nova situació? Sens dubte, cal fer tots els possibles per superar-la i tirar endavant, i crec sincerament que amb un enfocament positiu tens més opcions de fer-ho amb èxit.

«A un home l'hi poden prendre tot, menys una cosa, la darrera de les llibertats de l'ésser humà, la tria de la seva pròpia actitud davant de qualsevol mena de circumstàncies, la tria del propi camí», afirma Viktor Frankl en el seu cèlebre llibre *L'home a la recerca de sentit*, fruit de la seva experiència personal a Auschwitz i de la seva reflexió sobre la dramàtica supervivència als camps d'extermini, on va veure com, fins i tot en les condicions més extremes de deshumanització i patiment, l'individu pot trobar una raó per viure, basada en la seva dimensió espiritual. I aquesta idea tan profunda es pot extrapolar a altres situacions de la vida.

Pots controlar el que està a les teves mans, fer-ho tan bé com sigui possible i tirar endavant. Malgrat les adversitats que et puguis trobar, al final el teu rendiment, el teu comportament, depèn de tu. I els grans professionals no busquen excuses; busquen solucions, les executen i les duen a terme.

Com deia abans, hem de saber escoltar i deixar-nos aconsellar, sens dubte. Però la decisió final sempre recau en un mateix, i aquí és precisament on es demostra el lideratge, quan prens la iniciativa en les situacions que t'incumbeixen. L'experiència sempre és un grau. Comparar una situació amb una altra que has viscut abans i aprendre del que vas fer bé, i també dels errors que vas cometre, et permet gestionar-ho de manera satisfactòria.

En la presa de decisions cal valorar bé els pros i els contres de cadascuna de les alternatives, i considerar si la teva tria afecta les persones que tens al voltant. Un cop feta aquesta anàlisi, has de decidir l'opció amb què et sentis més còmode. Quan les decisions tenen un impacte social important, cal que en mesuris bé les conseqüències i procuris que aquest impacte sigui sempre positiu. Òbviament, serà difícil que la teva decisió agradi a tothom, però a l'hora de prendre-la sempre pots basar-te en els teus valors i pensar en el bé comú. Una cosa que sempre tinc present és que no prendre una decisió ja és en si mateix una elecció. No soc partidari de prendre decisions amb presses, però tampoc de posposar-les més del que cal, ja que això ens provocarà malestar i l'únic que s'aconsegueix és endarrerir l'inevitable.

21

Liderar amb l'exemple

(*Remain an example*)

Des del meu punt de vista, un líder és un referent, una persona estimada i reconeguda per l'altra gent per les seves qualitats, els seus valors, la seva honestedat i el seu comportament exemplar. Té molt a veure amb la inspiració: amb la seva capacitat per inspirar les persones que té al voltant. Però més enllà que el seu comportament resulti inspirador, també té un component d'acció. Un líder és aquell que motiva, que porta la gent a l'acció per aconseguir un objectiu concret.

És molt important la integritat i l'honestedat que transmetis. No esperis motivar una persona o un col·lectiu si tu mateix no prediques amb l'exemple. Perquè si no tens un comportament exemplar, al final perds tota la credibilitat, i això és el pitjor que et pot passar. És fonamental que les teves accions vagin alineades amb els teus valors, les teves paraules, etc. Hi ha d'haver sempre una harmonia, una consonància, una constància, dins del que tu transmetis o vulguis transmetre.

Sempre he procurat tractar la gent de la mateixa manera que m'agrada que em tractin a mi. Intento ser una persona molt propera, tal com m'han educat, molt respectuosa, agraïda, humil, i m'agrada ser amable amb la gent, fins i tot quan les circumstàncies no són les més favorables. I això és una cosa que a la gent li xoca. N'hi ha que se sorprenen que em pari a signar autògrafs, a parlar cinc minuts amb seguidors que se m'acosten, a fer-m'hi quatre fotos. Però la gent agraeix molt que hi tinguis aquest tracte. Em sento un gran privilegiat, primer perquè faig el que m'agrada, i segon pel reconeixement i l'admiració que rebo.

Ser fidel als teus valors i a la teva manera de ser és important quan vius a la bombolla de l'èxit, perquè la fama al final et dona moltes coses que són efímeres, volàtils. És absurd creure que ets millor que els altres perquè siguis una persona que gaudeix de la fama.

Quan n'hi ha que reconeixen en tu qualitats positives i inspiradores, et converteixen en un exemple a seguir. Llavors, es mirarà amb lupa qualsevol decisió que prenguis o cada iniciativa que duguis a terme. I molt més ara, amb les xarxes socials, amb les quals estem molt més exposats.

Lògicament, això comporta una responsabilitat que no pots obviar, sobretot quan estàs en el punt de mira dels mitjans de comunicació.

Crec que és important ser coherent i fidel als teus principis. Una persona es converteix en exemple de manera natural, de vegades sense adonar-se'n: la teva forma de ser, les teves accions, el teu estil... et converteixen en algú reconegut, admirat i seguit pels altres. La clau és no trair els teus valors, ser coherent i tenir molt present qui ets i com has arribat on ets. Clayton M. Christensen explica a *How Will You Measure Your Life?* que no pots trair els teus principis ni un sol cop. «És més fàcil ser fidel als teus principis el 100% de les vegades que el 99%», afirma.

Pel que fa a mi, més enllà de ser més o menys bo com a jugador professional de bàsquet, el que realment compta són els valors que transmeto. Amb les meves accions, els meus comportaments, les meves paraules... intento ser un model més enllà del meu àmbit. Un referent d'ètica personal i professional, de proximitat, respecte, dedicació, compromís i sacrifici amb la meva professió. És el que intento fer més enllà de l'esport, amb UNICEF o amb la meva col·laboració amb els hospitals de càncer infantil. Intento aprofitar el meu èxit per ajudar els més desfavorits, les persones que pateixen més i tenen més dificultats. I amb el mateix esperit d'inspirar amb l'exemple, en els programes que desenvolupem en la Gasol Foundation intentem apoderar els adults perquè siguin un model per als nens en el si de les famílies.

Els veritables referents aconsegueixen inspirar les persones més enllà del seu àmbit pels valors que representen. Tots tenim referents al nostre voltant, tant a petita com a gran escala. Per exemple, Kobe Bryant ha estat algú que ha exercit una gran influència en la meva carrera. I ell ha après dels millors. Al seu armariet del vestidor tenia pòsters de Leo Messi, Tiger Woods i Michael Jordan. En el cas de Jordan, Kobe va treballar molt per seguir les passes del seu ídol, els seus gestos, fins i tot amb l'objectiu de poder superar-lo algun dia. Hi ha tirs de Kobe que són còpies perfectes dels de Jordan. Fotocòpies de la perfecció, de l'obsessió per la perfecció i del treball constant. No he conegut ningú que treballi tant com Kobe Bryant.

22

Compartir la teva visió
(*Tell your vision*)

«Un bon líder porta les persones on volen anar. Un gran líder les porta on no necessàriament volen anar, sinó on cal que vagin», deia Rosalynn Carter, esposa de l'expresident dels Estats Units Jimmy Carter.

Tot líder ha de tenir molt clara la visió, el focus, el que pretén aconseguir a través de les seves accions. «Visió» prové del llatí (*visio*) que significa «veure» o «acció de veure». Es refereix a l'objectiu que una persona es planteja a llarg termini, com espera que sigui el seu futur, la seva expectativa ideal.

La visió ha de ser realista i ambiciosa. La seva funció és guiar i motivar l'equip per continuar treballant en la direcció correcta. La visió neix del líder, però, per molt clar que tingui quina és la meta a llarg termini, cal que compti amb el suport i la complicitat del grup per garantir-ne la consecució. Per això és fonamental que aquesta visió inclogui les inquietuds del grup i que cadascun dels seus components se'n senti part.

Perquè l'equip comprengui i assimili la visió, cal que el líder sàpiga comunicar-la a tots els jugadors i els en faci partícips.

Però una visió sense una estratègia es pot quedar en una simple declaració d'intencions. Un líder ha de marcar el camí a seguir, és a dir, definir els passos que permetran a l'equip arribar a l'objectiu marcat. Per assolir-ho, ha de tenir en compte els punts forts i febles de l'equip i obtenir el millor de cadascun dels seus components.

Una altra cosa que cal que faci és identificar les metes a curt termini per orientar el treball diari. A més, és un bon mecanisme per detectar desviacions a temps. Però també cal comptar amb l'imprevisible, i per això cal flexibilitat. Tenir la capacitat per canviar els plans sense perdre la idea, fer els canvis necessaris i apostar per una estratègia sense trair l'objectiu final.

A molts equips de bàsquet, quan els jugadors es reuneixen abans d'un partit, fan un crit que normalment coincideix amb l'objectiu que s'han proposat. Als Lakers, per no oblidar mai la nostra visió, el nostre objectiu final, ajuntàvem les mans, fèiem pinya i cridàvem: «*Ring!*» (anell). Era un lema que l'equip tenia present cada dia abans de l'entrenament, després de l'entrenament, abans del partit, en els temps morts... Així no oblidàvem mai que el nostre objectiu era aconseguir l'anell.

És important tenir aquests recordatoris continus en forma de crit o de missatge, o de nota a l'oficina, o a la nevera de casa. Et serveixen per no oblidar-te de quins són els teus objectius, què estàs fent i per què ho fas. Aquests recordatoris fan que et centris en l'objectiu i et posis a treballar deixant de banda tota la resta.

Són missatges que sempre estan presents en equips diferencials, que tenen una visió molt clara i un objectiu molt marcat. A la selecció, per exemple, el crit que teníem als setze o disset anys era «Mur!», perquè la nostra defensa havia de ser un mur compacte, impenetrable, i sabíem que si érem un mur podíem guanyar-ho tot. Ens ha acompanyat de principi a fi, fins avui. «Mur!» sempre ha estat el nostre crit. Als Spurs és «Quaranta-vuit!», que són els minuts que té un partit, jugar els quaranta-vuit minuts, des del primer segon fins a l'últim, donar el màxim durant tot el partit. Aquestes exclamacions són recordatoris constants perquè de vegades la ment o el cos ens desvien de l'objectiu.

Molts psicòlegs esportius parlen de l'estrella del nord: cal veure l'estrella, la teva meta, molt clara per arribar-hi. Aquests recordatoris t'ajuden a mantenir-te centrat, a tenir les coses clares, a focalitzar-te al cent per cent en el teu objectiu o en el de l'equip.

Epíleg

Apoderar les persones

(Empower, be a mentor)

Totes les claus del model SMART de lideratge comparteixen un objectiu comú, una meta superior: l'apoderament de les persones. No es tracta de ser un bon líder, sinó de ser capaç d'inspirar els altres perquè sorgeixin nous lideratges, d'acompanyar en el seu camí els líders del futur.

«Els líders no creen seguidors, creen més líders», diu l'escriptor nord-americà Tom Peters, especialista en pràctiques de gestió empresarial. És a dir, no només vols que la gent et segueixi, sinó que també vols inspirar i crear líders al teu voltant, perquè en els moments que no hi siguis, aquestes persones puguin fer un pas endavant, fer de líders a la seva manera i prendre decisions importants referents al funcionament o l'èxit de l'equip o a la seva pròpia vida. És important transmetre als companys que no només t'han de seguir, sinó que han d'aprendre a ser líders, han d'absorbir el teu coneixement.

De vegades la por més gran d'alguns líders és perdre la seva posició de lideratge. En aquests casos es limiten a envoltar-se de seguidors que lloen les seves proeses i són incapaços de transmetre els seus coneixements als altres. El seu ego excessiu els impedeix anar més enllà i veure en els altres una oportunitat de successió.

Hem d'entendre que el lideratge no és etern, sinó que després de nosaltres venen noves generacions amb les capacitats i habilitats necessàries per convertir-se en els futurs referents. És llei de vida. La prova que un líder és eficaç és la seva capacitat de formar aquestes persones que seran clau per garantir el present i el futur d'aquest col·lectiu o entitat.

En el present, el desenvolupament d'altres líders genera un efecte multiplicador sobre els resultats. No és incompatible que convisquin diferents líders dins d'un equip o una organització. Si cadascun d'ells dona el millor d'ell mateix, sempre s'obtenen més bons resultats.

En el futur, la successió o el llegat representa el valor durador d'un líder. Tota la saviesa o els coneixements que adquireix un líder al llarg de la seva trajectòria és un actiu de gran valor per garantir la continuïtat del projecte. El líder és algú que sap compartir, de manera altruista, tot el que ha après perquè els nous talents puguin aprofitar-ho i convertir-se en referents en el futur.

En l'àmbit empresarial, una companyia que inverteix en el desenvolupament de líders en diferents nivells de l'organització té més probabilitats d'èxit a curt i llarg termini, perquè disposa d'un actiu humà capaç de dirigir els processos de canvi i la innovació dins de l'empresa. Un dels factors més importants és garantir el canvi generacional: el líder o el president de la companyia ha de ser capaç de transmetre els seus coneixements i entendre que en algun moment, tard o d'hora, deixarà d'estar a dalt de tot de l'empresa per les raons que siguin, i que l'èxit o fins i tot la supervivència d'aquesta dependrà de la seva capacitat per transmetre o crear nous líders. Aquest és un factor clau. Quan una empresa ha tingut molt èxit durant un període de temps i, arran d'un canvi en la direcció general, la companyia comença a perdre notorietat, això és degut al fet que la persona que ja no hi és no ha estat capaç de transmetre els valors ni formar les persones que tenia per sota seu perquè donessin continuïtat al projecte i en garantissin el creixement.

En canvi, Steve Jobs, per exemple, sí que va saber transmetre a Apple el seu llegat als seus successors. Jobs va transferir el seu coneixement al seu equip. Abans de morir, l'octubre del 2011, es va acomiadar dels seus empleats i els seus seguidors amb una carta en la qual assegurava que els millors dies d'Apple encara havien d'arribar. Després de la seva mort, l'empresa ha sabut mantenir-se com una de les més potents del món. Aquest és un cas interessant d'èxit empresarial, de com han estat capaços de donar continuïtat al projecte i formar un equip que ha fet que la marca continuï creixent, i de com han conservat l'esperit d'innovació i creativitat gràcies als missatges que va deixar Jobs a l'empresa i que defineixen la seva identitat.

Apoderar significa dotar un grup humà d'una sèrie de coneixements i eines perquè pugui prendre decisions de forma autònoma i assumir responsabilitats.

Els veritables líders comparteixen poder i saben delegar responsabilitats. Apoderen la gent que tenen al seu voltant i els guien durant el procés d'aprenentatge. Tenen una visió i uns valors compartits perquè totes les persones del seu equip remin en la mateixa direcció. Reconeixen els seus èxits i els acompanyen en el fracàs de forma constructiva. Tenen un paper de docent clau perquè les persones del seu entorn puguin desenvolupar-se.

L'apoderament té dos vessants: la formació i l'acció. D'una banda, implica que les persones disposin de coneixements suficients i, de l'altra, que sàpiguen com desenvolupar-se adequadament en l'entorn on viuen.

Tradicionalment s'ha assumit que l'educació, entesa de manera magistral, era suficient per preparar els nois i noies per afrontar el seu futur. Tanmateix, és evident que necessitem canviar la nostra visió i potenciar la difusió de coneixement a través d'un vessant més pràctic. Hi ha diverses iniciatives que ja treballen en aquest sentit. La formació professional (FP) dual, per exemple, pretén establir un equilibri entre la formació teòrica i la pràctica perquè els alumnes assimilin els conceptes apresos en contextos reals. Es tracta d'apropar els joves a les empreses perquè la transició de l'entorn educatiu al laboral sigui com més natural millor.

Una altra iniciativa en la qual col·laboro és el projecte Dream Big Challenge. El 30 de novembre del 2017, set mil nois i noies i mil facilitadors es van reunir al Palau Sant Jordi de Barcelona per aportar solucions innovadores i creatives a problemes reals d'empreses en el primer Dream Big Challenge, el primer de molts. Durant tres hores, i seguint una metodologia basada en el *design thinking* i el *design doing*, els nois i noies van haver de donar resposta a les diferents fases que preveu qualsevol projecte empresarial: detecció del problema, identificació del públic objectiu, proposta d'idea i desenvolupament del model d'empresa.

Els problemes que s'haurien d'abordar eren de tota mena: des de com afegir un component lúdic a les piscines privades, fins a la manera de millorar el diagnòstic de les malalties infeccioses, passant per l'aplicació de les noves tecnologies en la pràctica esportiva. Les idees i les diferents perspectives dels participants que van sorgir durant l'esdeveniment van ser realment fascinants. Al final, tan sols un dels grups va aconseguir el premi, però tots ells van demostrar la seva capacitat per crear i imaginar el futur.

Aquesta és una de les iniciatives en les quals col·laboro al costat de Marc Bonavia i Xavier Verdaguer, amb l'objectiu de contribuir a l'apoderament dels joves perquè puguin aconseguir el seu potencial màxim. En aquest cas, ho fem en un entorn que faciliti el desenvolupament de l'esperit emprenedor entre les noves generacions i que els permeti donar resposta als reptes d'empreses reals. En la Gasol Foundation també treballem en aquesta direcció: intentem apoderar els nens i les nenes i les seves famílies perquè siguin conscients de com poden crear un entorn saludable. Molts dels programes de la fundació estan pensats per conscienciar les famílies sobre la problemàtica de l'obesitat infantil, i que els pares i els nens assimilin una sèrie de coneixements que els permetran prendre decisions per tenir un estil de vida saludable. Canviar hàbits en comptes de prendre píndoles. Impacte sostenible i prolongat en comptes d'accions puntuals sense recorregut. Quan treballes amb aquest tipus de projectes, és quan realment aconsegueixes un autèntic impacte en el canvi de la societat.

Amb aquesta mateixa intenció he volgut compartir amb vosaltres al llarg de les pàgines d'aquest llibre algunes reflexions i experiències que m'han fet créixer com a esportista i m'han convertit en la persona que soc avui. Amb la convicció que cada dia tenim la possibilitat de demostrar el que valem, espero que aquestes claus del lideratge SMART serveixin d'inspiració als líders actuals i també a totes aquelles persones que aspiren a ser-ho per construir el futur en què volen viure. I confio que, igual que a mi al llarg de la meva carrera, us resultin útils en el vostre viatge i us ajudin a desplegar una actitud en la vida professional i personal que us permeti desenvolupar el vostre talent de manera apassionada. I aconseguir els vostres somnis...